AF555749

5e Fascicule. Prix 0.50 Février.

LIVRE DU MAITRE

LE JOURNAL DE CLASSE

Cours moyen et Certificat d'Études

Leçons et Exercices de Morale, d'Arithmétique, de Grammaire, d'Histoire, etc.

POUR TOUS LES JOURS DE LA SEMAINE

Par G. DUCOUDRAY

Ouvrage complémentaire du Nouveau Cours du Certificat d'Études

MOIS DE FÉVRIER

PARIS
LIBRAIRIE HACHETTE ET Cie
79, BOULEVARD SAINT-GERMAIN, 79

AVIS

Par un arrêté du 4 janvier 1894, rendu après avis du Conseil supérieur, M. le Ministre de l'Instruction publique a modifié ainsi qu'il suit le Programme d'enseignement de l'histoire dans les écoles primaires élémentaires :

COURS ÉLÉMENTAIRE. *Récits et entretiens familiers sur les plus grands personnages et les faits principaux de l'histoire nationale jusqu'à la fin de la guerre de Cent Ans.*

COURS MOYEN. *Notions sommaires d'histoire de France, insistant exclusivement sur les faits essentiels depuis la fin du quinzième siècle jusqu'à nos jours.*

Exemple de répartition trimestrielle. — Dans les écoles à une *seule classe* : 1er trimestre. De la fin du xve siècle à 1715. — 2e trimestre. De 1715 à 1815. — 3e et 4e trimestres. De 1815 à nos jours et revision.

Dans les écoles ayant *deux classes* distinctes correspondant aux deux années du Cours moyen : 1re année, 1er trimestre. Des origines à 1610. — 1re année, 2e et 3e trimestres. De 1610 à 1789. — 1re année, 4e trimestre. Revision.

2e année, 1er trimestre. De 1789 à 1804. — 2e année, 2e trimestre. De 1804 à 1848. — 2e année, 3e et 4e trimestres. De 1848 à nos jours et revision depuis 1610.

Notre **Journal de Classe** étant principalement rédigé pour les maîtres des écoles où les différents cours n'ont qu'une seule classe, nous avons cru devoir adopter la répartition de l'enseignement afférente à ces écoles. Dès le mois de février nous appliquons le nouveau programme, certains que les maîtres sauront bien par des leçons supplémentaires combler la lacune que nous ouvrons. Du reste, pour les maîtres qui ne voudraient pas déranger cette année l'ordre de leur enseignement, nous donnerons à la fin du mois les leçons telles que nous les avions préparées selon l'ancien programme.

PETITS CHANTS D'ÉCOLE

LE BON ÉCOLIER

1. Dès qu'il a quitté sa demeure
Il se hâte, il presse le pas;
On est sûr qu'il ne voudrait pas
Venir à l'école après l'heure.
A la règle il sait se plier,
Imitons le bon écolier (*bis*).

2. Des cheveux jusqu'à la chaussure,
Qu'il est propre et qu'il est soigneux;
Par les temps les plus rigoureux
Il lave ses mains, sa figure.
Pas de tache à son tablier,
Imitons le bon écolier (*bis*).

3. Il est doux et docile en classe,
Gentiment, il fait son devoir
Et jamais on n'a pu le voir
Perdre un moment du temps qui passe.
Pour modèle on prend son cahier,
Imitons le bon écolier (*bis*).

4. Il remplit si bien sa journée
Et d'apprendre il a tel désir,
Que son maître, avec grand plaisir,
Lui donne des prix chaque année.
Pour gagner de brillants lauriers
Imitons les bons écoliers (*bis*).

LE JOURNAL DE CLASSE

COURS MOYEN

PROGRAMME

MOIS DE FÉVRIER

Morale. — Devoirs envers nous-mêmes. Le corps. La dignité humaine. L'hygiène. La gymnastique. La tempérance.

Mabilleau, *Cours élémentaire et moyen*, IIe partie, chapitre 1er, p. 61.

Instruction civique. — La loi. L'obéissance aux lois. Le respect de l'autorité et de la constitution.

Mabilleau, *Cours d'instruction civique.*
Jules Simon, *Le livre du petit citoyen.*

Arithmétique. — Revision des quatre règles. Système métrique. Le mètre. Le mètre carré.

Lefranc, *Arithmétique, cours moyen*, p. 51.

Géométrie. — La circonférence. Le cercle. Mesure des angles. Polygones.

Grammaire et Rédaction. — L'adjectif qualificatif. Syntaxe. Adjectifs dérivés. Les comparaisons. Adjectifs homonymes.

Duplessis, *Grammaire-Lexique, cours moyen*, p. 51.
Devinat, *Exercices de composition française.*

Histoire. — *Programme* du 4 janvier 1894. — Les Etats généraux de 1789. L'Assemblée constituante. L'œuvre de l'Assemblée constituante. L'Assemblée législative. Bataille de Valmy.

Ducoudray, *Cours moyen* (1882), p. 187; *Histoire et civilisation de la France, cours élémentaire et moyen* p. 255.

Géographie. — Le relief du sol français. Le massif central. Le partage des eaux. Les bassins du Rhône et de la Garonne.

Lemonnier-Dubois, *Atlas.*

Sciences naturelles. — Les oiseaux. Les animaux à sang chaud et à sang froid. Les reptiles. Les grenouilles. Les batraciens.

Sciences physiques. — Les transformations de l'eau. La glace. La neige. Les glaciers.

Saffray, *Eléments des sciences physiques et naturelles, cours moyen.*

Lecture courante.

Jost et Braeunig, *Lectures pratiques, cours moyen et supérieur.*
Ducoudray et Gœpp, *Le Patriotisme en France.* (Littérature populaire.)
Mlle Wirth, *La Future Ménagère.*
Mme Seignobos, *Le Livre des petits ménages.*
Pécaut, *Petit Livre d'hygiène.*
Ch. Defodon, *Choix de Fables.*
Sagnier, *Notions élémentaires sur les sciences appliquées à l'agriculture et à l'hygiène.*

Dessin. — *Dessin géométrique.* La circonférence. Tracé des tangentes. Division de la circonférence et des angles.

Dessin à main levée. Applications de la circonférence. Objets circulaires. Feuilles et ornements. Le carré et le cercle en perspective.

Travail manuel. — (*Programme de la ville de Paris*, 1891. Cours moyen. 1er *trimestre.*) — *Pliage. Cartonnage.* Damier. Cadre de photographie.

Modelage. Socle cubique.

Travail de menuiserie.

Em. Faivre, *Le travail manuel à l'école.*

Couture. — (*Programme de la ville de Paris.*) — Canevas. Marque. Couture.

Mme Cécile Regnard, *Manuel de travaux à l'aiguille.*

Ecriture. — Écriture en gros et en moyen. Lettres *j, y, g, h, k, l.*

Manoury, *Cahiers d'écriture.*

Chant. — Exercices sur les valeurs et la mesure. Chants par audition.

Danhauser, *Chants pour les écoles. Abrégé de la théorie de la musique.*
Savart, *Premiers Eléments de musique.*
Papin, *Méthode pratique de musique vocale, en trois parties.*

MEMENTO ADMINISTRATIF

Adresser au maire et à l'inspecteur une liste des absents.

PREMIÈRE SEMAINE — LUNDI

MORALE

LEÇON 81. **Devoirs envers nous-mêmes; le corps.** — Nous avons commencé par vous expliquer vos devoirs envers vos familles et envers vos maîtres parce que ce sont là vos premiers devoirs. Vos parents et vos maîtres sont chargés de vous les apprendre. Il faut donc que vous soyez pénétrés des sentiments d'obéissance, de respect et d'affection que vous devez avoir à leur égard. Et du reste ils vous suppléent, dans l'enfance, pour une partie des obligations à remplir vis-à-vis de vous-mêmes. Mais, dès que vous avez grandi, c'est à vous de vous acquitter de ces obligations. A votre âge vous ne laisserez pas votre maman se fatiguer à vous débarbouiller, n'est-ce pas? Cela ne vous semble pas sans doute un devoir, mais c'en est un, car nous avons des servitudes envers notre corps. Vous tenez à votre corps. « Guenille, dit-on en parlant de lui; mais guenille m'est chère. » Nous voulons garder notre santé, acquérir de la force.

Si vous êtes malade, vous ne pouvez travailler : la santé du corps intéresse le travail. Si vous souffrez, vous êtes malheureux : la santé du corps intéresse le bonheur. Nous avons donc toutes les raisons pour nous occuper de ce qui est l'enveloppe de notre être. C'est là un de nos premiers devoirs envers nous-mêmes.

RÉSUMÉ. — La santé intéresse le travail, le bonheur de l'homme. L'homme doit donc se préoccuper de son corps.

ARITHMÉTIQUE

LEÇON 81. EXERCICES (**Revision des 4 règles**, p. 35, n° 26). **29.** La somme de trois nombres est 248; le 1er est le double du 2e, et le 3e est égal à 122; quels sont les deux autres? R. 84 et 42.

30. La différence de deux nombres est 151; le plus petit étant 72, quel est le plus grand? — Quelle est la somme de ces deux nombres? R. 223 — 295.

31. On a retranché un certain nombre de 1632 et on a trouvé 257 pour reste. Quel était ce nombre? R. 1375.

32. De quel nombre a-t-on retranché 916 pour trouver 104 au reste? R. 1020.

33. On a ajouté de suite 5 fois le nombre 3124, quel a été le résultat? R. 15 620.

34. La somme de deux nombres est 154; le plus grand des deux étant 87, quel est le produit de ces deux nombres? R. 5829.

35. Quelle différence y a-t-il entre les deux résultats de 56 + 56 et 56 — 56? R. 72.

36. Le produit de deux nombres est **1344** et l'un des facteurs est **24**, quel est l'autre? R. 56.

37. Dans une division on a trouvé au quotient 29; on sait que le diviseur était 317, quel était le dividende? R. 9193.

38. Dans une autre division dont le dividende était 1575, on a trouvé au quotient 45, quel était le diviseur? R. 35.

39. Quel est le dividende d'une division dont le diviseur est 17, le quotient 28 et le **reste** 5? R. 481.

40. Quel est le diviseur dans une division dont le dividende est 365, le quotient **12** et le reste 5? R. 30.

GRAMMAIRE

LEÇON 81. **L'adjectif qualificatif.** — Écrivons cette phrase : *Ces prairies de votre père sont toutes deux bien vertes.* Les mots *ces, toutes deux, votre, vertes* sont dits **adjectifs** (qui veut dire ajouter). *L'adjectif est un mot ajouté au nom pour indiquer une qualité ou une particularité touchant ce nom.* On distingue : l'adjectif *qualificatif*, exprimant une qualité : *vertes*; l'adjectif *démonstratif*, désignant, démontrant le nom : *ces*; l'adjectif *numéral*, exprimant le nombre : *deux*; l'adjectif *possessif*, indiquant à qui la chose appartient : *votre*; l'adjectif *indéfini*, ayant un sens vague : *toutes*.

L'adjectif qualificatif exprime une qualité, un état de la chose désignée. Il s'**accorde** avec le **nom** qu'il qualifie. Il est souvent l'**attribut** dans une proposition.

Le féminin se forme en ajoutant **e** au masculin : *vert*, **verte**.

Le pluriel se forme en ajoutant **s** au singulier : un pré *vert*, des prés **verts**.

Mais il y a beaucoup de cas particuliers. En ce qui regarde le féminin, les adjectifs terminés par un *e* muet ne changent pas au féminin : *champ riche, terre riche.*

Les adjectifs terminés par *el, en, et*, redoublent l'*l*, l'*n* : un vin *naturel*, une boisson *naturelle*; un bâtiment *ancien*, une maison *ancienne*.

PREMIÈRE SEMAINE — LUNDI

HISTOIRE (*Programme de 1894*)

Leçon 49. **La Révolution française, les Etats généraux de 1789, l'Assemblée nationale.** — Il y a eu dans le monde bien des changements, beaucoup de *révolutions*, mais ce mot est surtout affecté au grand changement qui eut lieu en France en 1789, dans le gouvernement, dans les lois, dans les mœurs de la France. C'est ce qu'on appelle la **Révolution française.** Il ne faut pas méconnaître les grandeurs de la France ancienne, mais la France moderne date de 1789.

Le 5 mai 1789, les **Etats généraux,** convoqués par Louis XVI, se réunirent à *Versailles*. Les députés de la *noblesse* se distinguaient à leurs habits brodés et dorés, à leurs cravates de fine dentelle, à leurs chapeaux à plumes. Parmi les députés du *clergé* figuraient des prélats en robe violette. Les députés du *Tiers Etat*, même riches, ne pouvaient porter que des habits simples, unis, de couleur sombre, et des chapeaux sans ornement. Les trois **Ordres** siégèrent ensemble pour la séance d'ouverture, mais se retirèrent ensuite dans trois salles distinctes pour délibérer. Il y avait *trois assemblées* comme s'il y avait eu *trois nations*.

Il y a dans cette classe, je suppose, 3 divisions, dont l'une, à elle seule, compte autant d'élèves que les deux autres. Si je demande l'avis de chaque division pour la promenade de jeudi, à quoi servirait-il à la troisième d'être la plus nombreuse? Son avis ne compterait que pour *un*. Si, au contraire, je vous fais voter tous ensemble, la division la plus nombreuse aura plus d'influence, et le vote de chacun comptera également. Ainsi les députés du tiers, en nombre *double* de chacun des deux premiers ordres, n'étaient rien si l'on votait par *ordre* : ils étaient tout si l'on votait par tête. Le Tiers Etat réclama le vote *individuel* ou par tête. Les deux ordres privilégiés s'y opposèrent. Les députés du Tiers passèrent outre. A eux seuls ils composaient la moitié des Etats et représentaient 26 millions d'habitants sur 26 millions et demi. Le 17 juin ils se déclarèrent constitués en *Assemblée nationale*.

Résumé. — Les Etats généraux de 1789, composés des trois Ordres, se réunirent en 1789, et le Tiers Etat voulut qu'ils ne fissent qu'une assemblée.

SCIENCES NATURELLES

Leçon 53. **Les oiseaux.** — L'oiseau vole. Il a des *ailes*. Ces ailes, qui sont ses membres antérieurs, se composent des mêmes os que les pattes de devant du chat.

Les oiseaux ont tous *deux* ailes et *deux* pattes. Leur corps est recouvert de *plumes*. Ces plumes quelquefois sont longues, développées : de la tige partent des rangées de *barbes* qui elles-mêmes ont des saillies ou barbettes. Les ailes battent l'air et font avancer l'oiseau comme les rames le bateau.

Les oiseaux forment une classe bien à part dans les animaux, en ce qu'ils pondent des *œufs*. Avec quel art, quelle sollicitude ils construisent leurs demeures, leurs nids! Avec quelle patience la mère couve ses œufs! Vous aimez bien les œufs de la poule et vous savez de quoi ils se composent : 1° la *coquille*, enveloppe pierreuse; 2° le *blanc*, liquide; 3° dans le blanc une boule moins liquide, le *jaune*.

C'est dans le jaune que vous remarquerez une petite tache blanche et ronde : c'est le germe du petit poussin. Ce germe se développera, un corps se formera sous l'action d'une chaleur douce mais continue, sous l'action de la *couvée*. La coquille est d'ailleurs assez poreuse pour laisser passer l'air que respirera le petit poussin. Enfin le petit poussin, devenu fort, brisera la coquille, on verra l'oiseau, et les plumes pousseront, car le pauvre petit être, une fois à l'air, a besoin de vêtement.

Résumé. — Les oiseaux ont des ailes, sont couverts de plumes. Ils pondent des œufs.

LECTURE

Jost et Braeunig, Lectures pratiques, p. 378, *Les bûcherons*.

ÉCRITURE

Écriture en moyen. — *Nous avons des devoirs à remplir même envers notre corps.*

PREMIÈRE SEMAINE — MARDI

MORALE

Leçon 82. **Devoirs envers nous-mêmes; le corps; la dignité humaine.** — Que disons-nous des sauvages? Qu'ils vivent comme des animaux. Ceux-ci ne se préoccupent pas de leur corps. Ils s'allongent dans la fange. Sans doute le chat, avec un instinct merveilleux, se nettoie avec sa patte, et le chien se jette dans un ruisseau pour enlever sa poussière ou sa boue. Mais en général les animaux vivent insouciants de leur corps et, vêtus de poils ou de plumes, ne sentent guère le besoin de s'en préoccuper. Si l'homme les imite, comme il arrive dans les tribus de sauvages, il se rend presque semblable à ces animaux; son aspect devient repoussant. Même ses traits se déforment. Il n'a point ce que nous appelons la dignité de l'homme.

L'homme a été créé pour commander aux animaux. Il les dépasse par un don inestimable, l'intelligence. Il doit se respecter. Vous mépriseriez, n'est-ce pas, celui qui laisserait pousser ses cheveux, sa barbe, ses ongles, au point de ressembler à un animal; vous diriez qu'il n'a plus figure humaine. Il aurait encore les traits de l'homme, il n'en aurait plus la dignité.

Résumé. — L'homme, supérieur aux animaux, doit respecter sa propre dignité.

ARITHMÉTIQUE

Leçon 82. **Système métrique.** — Exercices (p. 50, n° 39). **Le mètre linéaire ou mètre courant.** — **26.** Un menuisier pose autour d'une pièce d'habitation des *plinthes* (bandes au bas des murs) en sapin à raison de 0f,95 le mètre courant; des *cimaises* en sapin à raison de 1f,04 le mètre courant. Cette pièce ayant 6m,85 de long sur 5m,70 de large, à combien reviendra la pose? R. 49f,95.

27. Le mètre courant de plinthe en chêne coûte 1f,70. Le mètre courant de cimaise en chêne coûte 1f,91. A quel excès de dépense l'emploi du chêne au lieu du sapin aurait-il donné lieu? R. 40f,66.

28. Faire le mémoire suivant : Fourni et posé 15m,40 de baguettes en sapin à raison de 0f,28 le mètre : 0f,28 × 15m,40 = 4f,31

Fourni et posé 7m,80 de demi-baguettes en chêne à raison de 0f,32 le mètre. 0f,32 × 7m,80 = ... 2f,49

Reposé 8m,85 de plinthes en chêne à 0f,21 le mètre : 0f,21 × 8m,85. . . . 1f,85

Total. . . . 8f,65

Le décamètre. — **29.** Un cultivateur fait drainer son champ sur une longueur de 28Dm,4. Que dépensera-t-il si le mètre courant de tuyaux coûte 2f,25? R. 639 fr.

30. On doit faire mettre une bordure en grès le long des trottoirs d'une rue. Cette rue a une longueur de 56Dm,8. Le mètre courant, fourniture et pose comprises, revient à 7f,85. Quelle sera la dépense pour les deux trottoirs de la rue? R. 8917f,60.

31. A combien se serait élevé le prix de cette bordure faite en granit, le mètre courant coûtant alors 11f,60? R. 13177f,60.

32. Combien coûtera un grillage en fer qu'on fait mettre le long d'un terrain de 6Dm,5 à 0f,45 le mètre courant? R. 29f,25.

GRAMMAIRE

Leçon 82. **L'adjectif qualificatif.** — Les adjectifs terminés en *er* forment le féminin en **ère** : *un temps* **printanier**, la *saison* **printanière**. Les adjectifs terminés en **eux** le forment en **euse** : *un sol* **marécageux,** *une terre* **marécageuse.** Les adjectifs terminés en **if** changent *if* en *ive* : un poisson **vif**, une eau **vive.** Les adjectifs terminé en **et** changent *et* en **ette** : un ruban **violet**, une étoffe **violette.**

Sept adjectifs seuls terminés en *et* ne redoublent pas le *t* et font : *concret*, **concrète**, discret, **discrète**, *indiscret*, **indiscrète**, *secret*, **secrète**, *complet*, **complète**, *incomplet*, **incomplète**, *replet*, **replète**, *inquiet*, **inquiète**.

Exercices (p. 51). — *Faire accorder les adjectifs. Mettre au pluriel les phrases au singulier et au singulier les phrases au pluriel.*

309. Une prairie est dite (*naturelle*) quand elle s'est formée d'elle-même; sa durée est pour ainsi dire (*perpétuelle*).

On obtient par semis des prairies (*naturelles*); la culture la plus (*habituelle*) est celle des graminées.

Dans les prés, où l'eau (*stagnante*) répand dans l'air des émanations (*pestilentielles*), l'herbe est (*mauvaise*), (*dure*) à couper. Les (*meilleures*) prairies sont celles qui bordent les eaux (*courantes*), qui occupent le fond des vallées ou les plaines peu (*élevées*).

Chose (*essentielle*) : il faut les débarrasser de la mousse et des plantes (*nuisibles*). Les

PREMIÈRE SEMAINE — MARDI

engrais y sont en général (*nécessaires*), sauf dans les prés d'une fertilité (*exceptionnelle*).

Les prairies sont dites naturelles quand elles sont formées d'elles-mêmes; leur durée est pour ainsi dire perpétuelle. — Les cultures les plus habituelles sont celles des graminées. Dans un pré où les eaux stagnantes répandent dans l'air des émanations pestilentielles, les herbes sont mauvaises, dures à couper. La meilleure prairie est celle qui borde l'eau courante, qui occupe le fond d'une vallée ou une plaine peu élevée. Chose essentielle : il faut la débarrasser des mousses et des plantes nuisibles. L'engrais y est en général nécessaire, sauf dans un pré d'une fertilité exceptionnelle.

EXERCICES COMPLÉMENTAIRES. — *Mettre l'adjectif correspondant qui manque.*

Un mot concret	une expression (*concrète*).	Un régiment complet	une compagnie (*complète*).
Un silence discret	une parole (*indiscrète*).	Un bataillon incomplet	une section (*incomplète*).
Un secret complet	une réunion (*secrète*).	Un homme replet	une personne (*replète*).

GÉOGRAPHIE

LEÇON 34. **Le relief du sol français.** — La France a l'intérieur a été, par les révolutions du globe, conformée d'une façon heureuse. Montagnes et vallées se combinent de telle sorte que l'*unité du pays* a pu se réaliser. Aucune partie n'est isolée des autres, bien que les montagnes ne manquent pas.

Les plus hautes se trouvent un peu au-dessous du centre géométrique de la France, qui serait à Bourges. Mais le plateau que supportent les montagnes, n'en est pas moins appelé le **Plateau central**. Ce sont les *Cévennes* et les monts *d'Auvergne*. Ces chaînes se rattachent sans doute aux Pyrénées, mais sont d'une nature différente et se trouvent séparées par une dépression remarquable : le col de *Naurouze*. On peut faire le tour de ce massif de montagnes qui se dresse comme une île gigantesque. Ces montagnes ont été soulevées par le feu intérieur de la terre et furent, à l'origine, des volcans. Encore aujourd'hui elles recèlent d'abondantes eaux thermales à une haute température.

Ce groupe de montagnes se divise en *trois* branches qui figurent en quelque sorte une fourche à trois dents. Les *Cévennes* et les monts du *Vivarais*, couverts de forêts sombres, forment la branche orientale et tombent à pic sur le Rhône. De cette chaîne, après le mont *Lozère* (1702 m.), se détache un rameau parallèle plus court, les montagnes du *Velay* et du *Forez*. La troisième branche, à l'ouest, comprend les monts de la *Margeride* et la chaîne des monts *d'Auvergne*, la plus remarquable avec ses hauts sommets, le *Plomb du Cantal* (1858 m.), le *mont Dore*, avec le *Puy de Sancy* (1886 m.), le *Puy de Dôme* (1465 m.) dans les monts *Dôme*. Les roches de ces montagnes sont noires, mais une forte végétation et une admirable verdure les recouvrent et des eaux abondantes en découlent de toutes parts.

RÉSUMÉ. — Le massif central comprend surtout les *Cévennes*, les monts d'*Auvergne*.

LECTURE

H. SAGNIER, Notions élémentaires sur les sciences appliquées à l'agriculture et à l'hygiène, p. 241, *Agents de l'hygiène*.

ÉCRITURE

LEÇON : LA LETTRE j. — La lettre *j* sert à former les lettres à boucles inférieures *g*, *y*. La difficulté se trouve dans la pente, car on a tendance à obliquer la boucle vers la gauche. Le jambage qui, en remontant, forme la boucle, vient couper le jambage inférieur vers la ligne inférieure. Pour faire le *plein*, il faut commencer en carré sur la parallèle supérieure et appuyer avec la même force jusqu'à un corps au-dessous de la ligne inférieure, puis diminuer l'épaisseur et arriver par un *délié* à former la boucle. On place un *point* au-dessus de la lettre à un demi-corps de la ligne supérieure.

6 m/m

9 m/m

j j j j j j j j

PREMIÈRE SEMAINE — MERCREDI

MORALE

Leçon 83. **Devoirs envers nous-mêmes; la dignité humaine.** — On peut manquer à ses devoirs envers le corps sans pour cela ressembler à un sauvage. Il y a des gens qui visent même une certaine recherche. Mais ils se rendent vraiment esclaves de leur corps, c'est-à-dire de leurs appétits, de leurs passions. Ceux-là aussi manquent du sentiment de la dignité humaine. Ils ne ressemblent pas matériellement aux animaux. Ils leur ressemblent *moralement*. La dignité ne doit pas être seulement extérieure. L'homme se ravale jusqu'aux animaux lorsqu'il subordonne l'intelligence au corps et lorsqu'il ne vit que pour les satisfactions matérielles et grossières. Nous avons donc à garder doublement notre dignité. Les devoirs envers le corps se divisent ainsi en devoirs ***immédiats, extérieurs***, et en devoirs ***indirects, intérieurs***, intimes, et d'un ordre plus élevé.

Résumé. — L'homme, être intelligent, perd sa dignité s'il s'asservit au corps.

ARITHMÉTIQUE

Leçon 83. **Problèmes.** Exercices (p. 36, n° 29). **Petit-Jean soldat.** — **47.** Il y avait huit mois que Petit-Jean était arrivé au régiment et deux mois qu'il était caporal. Combien cela faisait-il de jours? R. 304 jours.

48. Combien de jours lui restait-il à faire pour accomplir ses trois ans? R. 791 jours.

49. Au mois de septembre arrivèrent des réservistes qui avaient une période de vingt-huit jours à faire. La compagnie de Petit-Jean se trouva doublée et au lieu de 115 hommes, elle en eut? R. 230 hommes.

50. Petit-Jean fut fort affairé. Il lui fallait commander les exercices de son escouade trois fois par jour, deux heures en moyenne, sauf le dimanche. Combien d'heures d'exercices durant la semaine? R. 36 heures.

51. On fit ensuite des marches dans la campagne, jusqu'à des pays distants de 9 kilomètres, de 12 kilomètres, de 15 kilomètres. De combien était chaque marche en y comprenant le retour? R. 18, 24, 30 kilomètres.

52. On alla s'exercer au tir avec le nouveau fusil Lebel. Petit-Jean tirait 20 coups en 60 secondes. Combien en aura-t-il tiré en 2 minutes de 60 secondes? R. 40 coups.

53. Puis, les réservistes exercés, le régiment partit pour les grandes manœuvres. Et Petit-Jean, malgré sa fatigue, s'intéressa fort à ces marches de tout un corps d'armée. Il y avait 28 000 hommes en tout. Combien d'infanterie si la cavalerie comptait 7000 hommes et l'artillerie 1200? R. 19 800 hommes.

GRAMMAIRE

Leçon 83. **L'adjectif qualificatif.** — Il y a trois variétés de féminins pour les adjectifs en **eur** : 1° en **eure**, extéri*eur*, exté**rieure**; 2° en **euse**, tromp*eur*, tromp**euse**; 3° en **rice**, adulat*eur*, adulat**rice**.

Les adjectifs en **on, ot**, redoublent la consonne *n, t* : *bon*, **bonne**, *sot*, **sotte**.

Mais plusieurs adjectifs en *ot* ne redoublent pas le *t*, comme *idiot*, *dévot*, **idiote, dévote**.

Les adjectifs *bas, gras, las, gros, épais, exprès*, font **basse, grasse, lasse, grosse, épaisse, expresse**.

Les adjectifs *faux, roux*, font **fausse, rousse**; *doux, jaloux* font **douce, jalouse**; *nul* fait **nulle**.

Les adjectifs *public, caduc, turc, grec*, font **publique, caduque, turque, grecque**.

Exercices complémentaires. — *Mettre au féminin les adjectifs.*

Une *bonne* action. Une *sotte* parole. Cette personne est très *dévote*. N'ayez point de *basses* pensées. La colère est *nuisible* et de plus *idiote*. Toute la famille était *lasse* de la promenade. Voilà de bien *grosses* pierres pour une *petite* construction. Ce vin laisse une lie *épaisse*. On nous a fait défense *expresse* de sortir. Une *fausse* déposition en justice est un crime. On dit la lune *rousse*, non pas qu'elle soit *rousse*, mais parce que la gelée à une certaine époque rougit, brûle les plantes. Les personnes *douces* sont rarement *jalouses*. N'ayez *nulle* crainte si vous vous conduisez bien. Les *belles* et *bonnes* pensées ne sauraient venir d'une âme *basse*. Il faut consulter sa conscience plutôt que l'opinion *publique*. Votre permission est *caduque*. Les modes *turques* règnent en Algérie. Les vignes *grecques* produisent d'excellents raisins.

PREMIÈRE SEMAINE — MERCREDI

HISTOIRE

Leçon 50. **L'Assemblée nationale; le Serment du Jeu de Paume.** — Le Tiers Etat avait pris le titre d'*Assemblée nationale*. Une grande partie des Ordres privilégiés voulait qu'on lui résistât. Le roi fit fermer la salle sous le prétexte de préparatifs nécessaires pour une séance solennelle des trois Ordres qu'il présiderait. Les députés du Tiers ne se laissèrent point intimider : la majorité du clergé s'était jointe à eux. Ils trouvèrent à Versailles une salle de *jeu de paume* où ils se réunirent aussitôt (20 juin). Le président, un savant astronome, *Bailly*, monté sur une table, fit jurer aux députés « *de ne pas se séparer avant d'avoir donné une Constitution à la France* ». Tous répétèrent avec enthousiasme la formule de ce serment mémorable, qu'on a appelé le *Serment du Jeu de Paume*.

Le 23 juin, la salle des Etats fut rouverte pour la séance royale. Louis XVI, dans un langage sévère, blâma les députés du Tiers. Il entendait maintenir la distinction des trois **Ordres** et commanda aux députés de se séparer tout de suite. Les princes et les seigneurs se retirèrent. Les députés du Tiers restèrent. Le grand maître des cérémonies s'avança et leur rappela l'ordre royal. Alors le comte de Mirabeau, député du Tiers Etat et puissant orateur, s'avança en s'écriant : « Allez dire à votre maître que nous sommes ici par la volonté du peuple et que l'on ne nous en arrachera que par la force des baïonnettes. » Louis XVI ne voulut pas employer la force. Quelques jours après, le roi ordonnait aux deux Ordres privilégiés de se réunir au Tiers Etat. Les trois *Etats* ou Etats généraux se transformaient en une seule assemblée. « La famille est complète », dit le président Bailly. L'*Assemblée* ajouta à son titre de *nationale* celui de **constituante**, c'est-à-dire chargée de faire la constitution.

Résumé. — Le Tiers Etat, qui avait formé l'*Assemblée nationale* et s'était engagé à résister à la Cour par le mémorable *Serment du Jeu de Paume*, obligea le roi à accepter la réunion des trois Ordres et l'établissement d'une *Assemblée nationale constituante*.

SCIENCES NATURELLES

Leçon 34. **Les oiseaux; les oiseaux de proie.** — Parmi les plus grands et les plus forts des oiseaux on remarque les **oiseaux de proie**. D'abord l'*aigle*, le plus guerrier, le plus brave et qui à cause de sa taille (1 mètre), de sa tête altière, de son audace, fut pris jadis comme l'emblème des combats et de la domination. L'aigle, non affamé, est généreux. L'aigle poursuit, dévore les animaux vivants, non les cadavres. Il se fixe dans les plus hautes régions des montagnes et ne descend que pour chasser. Son bec est recourbé, dur pour déchirer les chairs. Ses griffes ou serres sont puissantes. Le *vautour* est plus féroce que l'aigle, plus carnassier, plus vorace, et se nourrit principalement de cadavres. Le *condor*, qui plane dans les hautes montagnes de l'Amérique du Sud, est le plus grand des oiseaux qui volent et ses deux ailes tendues mesurent jusqu'à quatre mètres d'une extrémité à l'autre. Le *faucon* se précipite sans détour et perpendiculairement sur sa proie. Au moyen âge, on le capturait et on l'employait à la chasse des oiseaux. On cite encore parmi les oiseaux de proie les *buses*, *busards*, les *éperviers*, les *milans*. Ces oiseaux de proie chassent pendant le jour, ils sont *diurnes*.

D'autres au contraire sont éblouis par la lumière du soleil et restent cachés pendant le jour. Ils vont seulement au crépuscule, à la tombée de la nuit, chasser les autres oiseaux qui s'endorment. Ces oiseaux rapaces sont dits *nocturnes*. Ils ont le corps et les pattes couverts de plumes fines et soyeuses, de gros yeux placés de face : tels le *hibou*, la *chouette*.

Résumé. — Les oiseaux de proie se nourrissent de chair : on les distingue en oiseaux *diurnes* et en oiseaux *nocturnes*.

LECTURE

Th. Lebrun, Livre de Lecture courante (Janvier, Février, Mars), p. 98, *Année bissextile*.

ÉCRITURE

Écriture en gros. — *La joie, les jeux sourient à la jeunesse.*

MORALE

Leçon 84. **Devoirs envers nous-mêmes; devoirs extérieurs.** — Le corps humain n'est pas, comme le corps de la plupart des animaux, protégé par la nature contre toutes les intempéries. Il réclame nos soins. Si nous le négligeons, il tombera dans une malpropreté repoussante.

La malpropreté, de plus, est nuisible. Vous vous rappelez que la respiration se fait aussi par la peau : il faut donc laver la peau avec soin et le plus souvent possible, de manière à ce qu'elle se prête à la pénétration de l'air. C'est là une des règles essentielles de l'hygiène. Un moraliste du dernier siècle, Volney, mettait la propreté au rang des vertus, « parce qu'elle influe puissamment sur la santé du corps et sur sa conservation ».

La propreté des habits sans doute n'intéresse pas l'hygiène, mais elle intéresse la *tenue*, et la tenue c'est l'extérieur de la dignité.

Sans doute on peut avoir un air digne sous des vêtements pauvres. Mais peut-on avoir un air digne avec des vêtements sales? Peut-on imposer le respect si on ne se respecte pas soi-même dans sa tenue? Comprenez donc quel service nous vous rendons en vous habituant de bonne heure à la propreté et à la tenue.

Résumé. — Les premiers devoirs extérieurs envers nous-mêmes sont la *propreté* et la *tenue*.

ARITHMÉTIQUE — GÉOMÉTRIE

Leçon 84. **Géométrie. La circonférence. Le cercle.** — La circonférence est une ligne courbe dont tous les points sont à égale distance d'un point intérieur nommé *centre* (fig. 1). C'est donc une ligne très régulière. La portion de plan comprise dans la circonférence est le *cercle*.

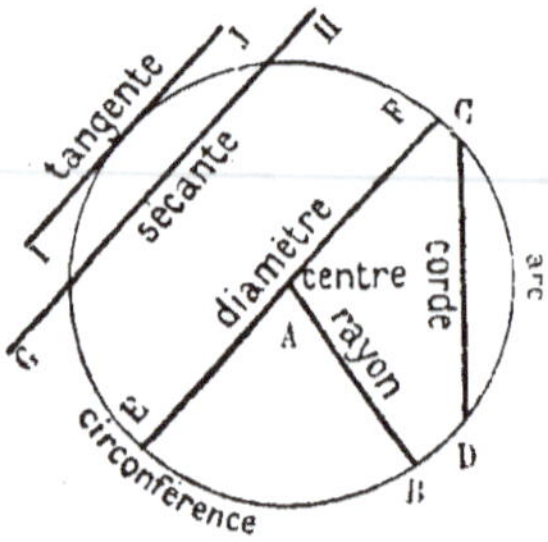

Fig. 1.

La ligne droite AB qui va du centre à la circonférence est un *rayon*. Il résulte de la définition que tous les *rayons d'un cercle sont égaux*.

Une partie de circonférence s'appelant *arc*, on appelle *corde* la droite CD qui joint les deux extrémités de l'arc. Tracez une circonférence; prenez des arcs de plus en plus grands, les cordes correspondantes seront de plus en plus grandes, et se rapprocheront de plus en plus du centre. De sorte que si l'arc devient égal à une demi-circonférence, la corde passe par le centre, et est la plus grande possible ; on l'appelle *diamètre* (ligne EF).

Ainsi *un diamètre est une droite qui joint deux points de la circonférence en passant par le centre*. Il vaut *deux* rayons; tous les diamètres sont par conséquent égaux.

Quand une droite *coupe* la circonférence en deux points comme la ligne GH, on dit qu'elle est *sécante*; quand une droite ne *touche* la circonférence qu'en un point, comme la ligne IJ, elle lui est forcément extérieure, c'est une *tangente*.

Résumé. — Dans une circonférence tous les points sont à égale distance du centre, tous les rayons sont égaux, tous les diamètres sont égaux. Les lignes qui coupent la circonférence en deux points sont des *sécantes*, celles qui ne touchent qu'en un point sont des *tangentes*.

GRAMMAIRE

Leçon 84. **L'adjectif qualificatif.** — Il y a des adjectifs tout à fait irréguliers au féminin. — *Blanc, frais, sec* font **blanche, fraiche, sèche**.

Bénin et *malin* font **bénigne, maligne**.

Veuf, neuf, bref font **veuve, neuve, brève**.

Long, favori font **longue, favorite**.

Beau, nouveau font **belle, nouvelle**; *mou, fou*, **molle, folle**; *vieux*, **vieille**; *vainqueur*, **victorieuse**.

Dispos, châtain ne changent pas au féminin : *une chevelure châtain*.

Exercices complémentaires. — *Faire accorder les adjectifs :*

Sur la nappe *blanche* il y avait deux pains *blancs* et *frais*. Le linge est *sec*, mais les chemises ne sont pas tout à fait *sèches*. Cet enfant a eu un accès de fièvre *maligne*, mais la maladie a été *bénigne*. La saison est *bénigne*. Ne dites pas de paroles *malignes*. Les hommes qui ont une figure *bénigne* ne sont pas toujours *bénins*. Ces *longs* voiles de deuil annoncent une dame *veuve*. Les chaussures *neuves* blessent les pieds quand elles ne sont pas assez *longues*. Le commandement se fait par paroles *brèves*. Les fables de La Fontaine sont ma lecture *favorite*. Les *nouvelles* pousses des arbres sont tendres ; elles nous semblent bien *belles*. Les âmes *molles* sont abattues au premier chagrin. Évitons les *folles* passions. Aimons, respectons les *vieilles* traditions. Souhaitons que nos armées soient *victorieuses*. Voilà de *belles* troupes, bien *dispos*, elles reviendront certes *victorieuses*. On aime bien en général les chevelures *châtain*.

GÉOGRAPHIE

LEÇON 35. **Le relief du sol français.** — La chaîne des Cévennes et du Vivarais, qui soutient une partie du Plateau central de la France, se prolonge vers le nord par des hauteurs moindres : les monts du *Lyonnais*, du *Beaujolais*, du *Charolais*, de la *Côte-d'Or*. Les montagnes s'abaissent encore davantage au *plateau de Langres* et la chaîne décrit alors une courbe sous le nom de *monts Faucilles*. Puis elle va se rattacher aux Vosges et au Jura.

Très inégale dans ses diverses parties, cette chaîne n'en dessine pas moins, sur tout son parcours, la ligne de terrain la plus élevée au-dessus du niveau de la mer. On la nomme *chaîne de partage des eaux* parce qu'elle détermine la direction des rivières et des fleuves, qui s'en vont, les uns vers la Méditerranée, les autres vers l'Océan et la Manche. Mais il ne faudrait pas se figurer cette chaîne de montagnes comme un mur infranchissable. Elles sont au contraire très accessibles et n'empêchent pas la communication de s'établir entre les deux côtés opposés.

De même il ne faudrait pas s'exagérer les obstacles qu'opposent les autres chaînes de montagnes qui partent de cette chaîne principale et traversent le pays en séparant les fleuves et les rivières. Ainsi des monts d'Auvergne se détachent les monts du *Limousin*, les collines assez basses du *Poitou* et celles encore plus basses dites le *plateau de Gâtine*. Elles terminent au nord le bassin de la Garonne, mais tout en ouvrant beaucoup d'accès dans le bassin de la Loire.

De même, de la chaîne de partage se détachent les monts du *Morvan*, les collines du *Nivernais* qui s'abaissent ensuite jusqu'aux ondulations du *plateau d'Orléans*. Cette séparation du bassin de la Loire et du bassin de la Seine est ici peu sensible et ne se relève qu'avec les collines du *Perche*, de la *Basse-Normandie*, puis les monts de la *Bretagne*. Au nord, le bassin de la Seine n'est qu'en partie fermé par la chaîne de l'*Argonne* et de l'*Ardenne* occidentales qui se détachent des monts Faucilles et vont aboutir aux collines de l'Artois et du *Boulonais*.

RÉSUMÉ. — La France est parcourue par des chaînes secondaires qui se détachent de la chaîne de partage des eaux, séparent les bassins les uns des autres, mais ne les isolent pas.

LECTURE

Mme SEIGNOBOS, Le Livre des Petits Ménages, p. 56. *Le chauffage, l'éclairage.*

ÉCRITURE

LEÇON : LA LETTRE y — La lettre *y* se compose du dernier jambage de l'*u* et du *j*.

y y y pays

CHANT

EXERCICES sur les valeurs.

PREMIÈRE SEMAINE — SAMEDI

MORALE ET LECTURE EXPLIQUÉE

LEÇON 85. **Revision.**

LES DEUX SOCS DE CHARRUE (VILLEFRANCHE).

Un soc était si net, si luisant, qu'à le voir,
Vous l'eussiez pris volontiers pour miroir.
Un autre se plaignait d'être rongé de rouille
Et demandait pourquoi. « Pourquoi, dit le premier,
C'est que tu ne fais rien quand tout le jour je fouille.
Pour m'empêcher de me rouiller
Je ne sais qu'un secret, mais un bon : travailler.

Cette petite fable peut s'appliquer non seulement au travail, mais à ce que nous avons dit sur la propreté. Ce soc de charrue si net, si luisant, nous représente notre corps quand il est bien soigné. Voyez Pierre, quand il est bien lavé, bien peigné, bien brossé, comme il est gentil, comme il se plaît à lui-même et comme il plaît aux autres. En outre, le corps est un outil comme le soc de charrue. Bien propre, bien souple, il rendra plus de services que si on le laisse se rouiller, c'est-à-dire s'engourdir.

ARITHMÉTIQUE

LEÇON 85. EXERCICES. — **Problèmes sur les quatre règles** (p. 36). — **54.** L'artillerie du corps d'armée se compose de 6 groupes de 3 batteries montées et d'un groupe de 2 batteries à cheval. Combien de batteries? à 6 pièces par batterie combien de pièces? R. 20 batteries; 120 pièces.

55. Combien cela faisait-il de pièces par mille hommes pour le corps d'armée (de 28 000 hommes)? R. 4 pièces.

56. Petit-Jean fit beaucoup de marches et de contremarches avec sa compagnie, car elle ne devait pas se trouver exposée au feu des canons du parti qui figurait l'ennemi et portant jusqu'à 10 kilomètres. Son fusil portant à 1800 mètres, de combien s'en serait-il fallu qu'il pût atteindre l'artillerie ennemie? R. 8200 mètres.

57. Petit-Jean avait sur lui 112 cartouches, combien en avait sa compagnie de 230 hommes? R. 25 760. Chacun en brûla, dans une journée, 50. Combien en restait-il en tout? R. 14 260.

58. Le premier corps de l'armée où combattait Petit-Jean devait investir une place forte. 12 000 hommes se développèrent autour de cette petite place. 6000 étaient groupés en réserve.

Le second corps figurant l'ennemi (10 000 hommes) se porte tout à coup sur un des points occupés par 5000 hommes des troupes d'investissement. Combien fallut-il envoyer d'hommes pour soutenir le corps attaqué, le rendre égal d'abord, et finalement supérieur de 3000 hommes aux adversaires? R. 5000, puis 8000 hommes.

GRAMMAIRE

LEÇON 85. **Adjectifs qualificatifs.** EXERCICES (p. 52). — *Faire accorder les adjectifs.*

310. Que d'animaux sont *nuisibles* à nos récoltes! Que d'engeances *dévastatrices*! Ce ne sont pas les plus *gros* insectes qui exercent les plus *affreux* ravages. De *petits* insectes se glissant par des routes *secrètes* causent de tels dégâts qu'on ne sait à quelles mesures *réparatrices* recourir. Tel le phylloxéra à l'action *mystérieuse*.

Par contre, l'agriculteur a comme auxiliaires dans la nature : la chauve-souris, le hérisson, la chouette, qu'il ne faut pas, sur leur apparence peu *flatteuse*, juger comme nuisibles : ici l'apparence est *menteuse*. Ce sont des bêtes *protectrices* de nos récoltes. Il n'y a pas jusqu'au crapaud qui ne rende des services malgré sa laideur *affreuse*

DICTÉE. — *Rectifier, s'il y a lieu, les terminaisons en italique.*

311. La pomme de terre. — La pomme de terre est (origin*aire*) de l'Amérique. Longtemps cette (préci*euse*) plante fut regardée comme (pernici*euse*). Parmentier, sous Louis XVI, montra que, bien loin d'être (vénén*euse*), elle était (farin*euse*) et pouvait remplacer le pain.

Le roi parut un jour, dans une fête (pub*lique*), avec un bouquet de (be*lles*) fleurs; c'étaient les fleurs des (nouve*lles*) plantes. Alors on s'empressa d'orner les jardins de cette fleur (graci*euse*) dont la (blanc*he*) corolle a une légère teinte (viole*tte*) ; quant au tubercule lui-même, on continua à le jeter au fumier.

312. Parmentier fit planter des pommes de terre dans une plaine (*nue*) et (*sèche*) des environs de Paris, dite *des Sablons*. La (pre*mière*) récolte achevée, il fit publier : Défense (ex*presse*) de toucher aux (nouve*lles*) plantes). Le jour, des gardes empêchaient d'approcher avec une vigilance (jal*ouse*) ; mais, la nuit, ils laissaient faire, si bien que le champ fut complètement dévalisé. On cher-

chait à se procurer par tous les moyens la plante (privilég*iée*).
C'est par cette ruse (ingéni*euse*) que Parmentier parvint à répandre l' (excell*ente*) pomme de terre, dont la culture fait une des plus (préci*euses*) richesses de la France.

Faire l'analyse logique des phrases du n° 311.

Trouvez des mots dérivés de pomme, plante, fête, bouquet, fleur, jardin, teinte, environ, jour, champ, ruse.

Pommier, planter, fêter, bouquetière, fleuron, jardinier, jardinage, teinture, environner, journée, journal, champêtre, ruser.

HISTOIRE

LEÇON 51. **Prise de la Bastille.** — Louis XVI avait cédé bien vite aux réclamations du Tiers État et consenti à la réunion des trois Ordres. En voyant affluer à Paris des troupes et surtout des régiments étrangers, on comprit que la cour avait voulu gagner du temps et songeait à arrêter par la force les progrès des idées nouvelles. Le roi ayant tout à coup renvoyé le ministre *Necker* qui avait la confiance de l'Assemblée, Paris se souleva. La foule se précipita sur la **Bastille**, prison d'État et forteresse redoutée. Après une lutte de quelques heures elle s'en empara (14 juillet 1789). Le peuple de Paris devenait ainsi maître de la capitale. Il se donna un chef élu, un **maire**, le président même de l'Assemblée nationale, **Bailly**. Les citoyens formèrent une **garde nationale** et mirent à sa tête le marquis de **la Fayette**, l'un des libérateurs de l'Amérique. Louis XVI, voulant ramener la paix, se rendit à Paris et vint à l'hôtel de ville où il confirma la création de La garde nationale et l'élection du maire. Il accepta la cocarde des Parisiens, *bleue* et *rouge*, et La Fayette, pour la lui faire accepter, y ajouta le *blanc*, couleur de la royauté : « Prenez-la, dit-il, voilà une cocarde qui fera le tour du monde. » Il disait vrai. Les trois couleurs les plus franches et les plus brillantes devinrent les **couleurs nationales**. Elles furent celles du drapeau.
Mais le soulèvement de Paris, l'agitation, des meurtres qui avaient suivi la prise de la Bastille, effrayèrent les nobles. Quelques-uns commencèrent à quitter la France : ce fut l'**émigration**, qui allait devenir de jour en jour plus considérable.

RÉSUMÉ. — Le 14 juillet, le peuple de Paris prit la Bastille, devint maître de la capitale, il se donna un *maire* et s'organisa en garde nationale.

SCIENCES PHYSIQUES

LEÇON 15. **Les transformations de l'eau : le givre, la gelée blanche, la glace.** — Vous avez tous remarqué en hiver ces jolis dessins sur les vitres ; on dirait des feuillages de glace. C'est la vapeur d'eau de l'atmosphère qui s'est condensée sur la vitre froide, et, comme le froid est très vif, l'eau devient *glace*. Comprenez-vous maintenant pourquoi, en hiver, les arbres dépouillés de leurs feuilles sont souvent couverts le matin de fines aiguilles de *givre* qui donnent à la campagne un si bel aspect. C'est la vapeur d'eau de l'air qui s'est refroidie sur les arbres au point de se congeler. Et alors, au printemps, la rosée, si la température vient à se refroidir, gèlera aussi, recouvrant l'herbe ; c'est la *gelée blanche*. Rosée et gelée blanche succèdent surtout à une nuit très claire, étoilée. C'est que dans ces nuits, rien n'empêche le refroidissement de la terre : la chaleur perdue par le sol se disperse dans l'espace. Lorsqu'il y a des nuages, au contraire, ils forment comme un écran qui arrête et maintient la chaleur.
On a mis de l'eau dans une bouteille exposée à la gelée. L'eau est devenue *glace*. La bouteille s'est brisée. Pourquoi ? C'est que l'eau, en devenant solide, a *augmenté de volume* et qu'elle s'est trouvée trop à l'étroit dans sa prison. Aussi, en hiver, a-t-on soin d'envelopper de paille les tuyaux de conduite qui amènent dans les maisons l'eau des réservoirs. Les pierres elles-mêmes sont parfois poreuses, contiennent de l'humidité. La gelée arrive. La pierre se fend. De là l'expression : « Il gèle à pierre fendre ».

RÉSUMÉ. — La vapeur d'eau de l'air, se congelant, forme le *givre*, la *gelée blanche*. L'eau en devenant glace a une force d'expansion qui produit la rupture des tuyaux, les fentes des pierres.

LECTURE

DUCOUDRAY, Histoire et civilisation, Cours élém. et moyen, p. 99, *Prise de la Bastille*.

ÉCRITURE

Revision. — *L'amour du pays fortifie la jeunesse. L'amour du pays réconforte la vieillesse.*

PREMIÈRE SEMAINE

DESSIN

Leçon 33. — **Dessin géométrique. La Circonférence. Comment on la trace.** — Pour tracer une circonférence, on se sert d'un *compas*; cet instrument est formé de deux tiges réunies par une charnière. L'une des tiges est terminée en pointe; on l'appelle *pointe sèche*; l'autre peut être munie d'un porte-crayon, ou d'un tire-ligne à encre.

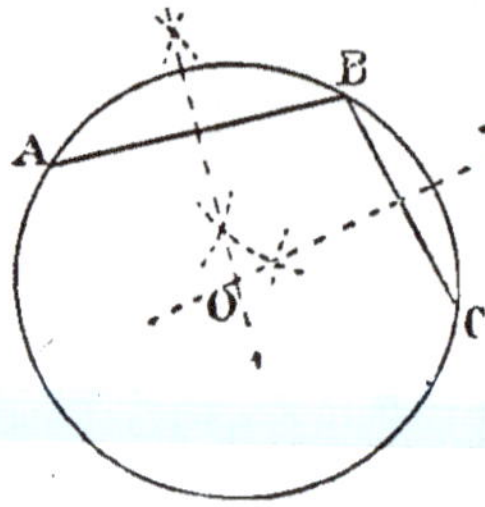

Pour tracer une circonférence au compas, on l'ouvre, on pique légèrement la pointe sèche sur la feuille, et on fait tourner la tête du compas entre les doigts.

Si la circonférence doit avoir un rayon donné; on prend une ouverture égale à ce rayon.

Fig. 1.

Exercice. — *Faire passer une circonférence par 3 points* A, B, C *non en ligne droite* (fig. 1).

Je joins AB et BC; sur le milieu de AB, j'élève une perpendiculaire; de même sur le milieu de BC. — Ces deux perpendiculaires se coupent en un point O qui est le centre de la circonférence, dont OA, ou OB, ou OC serait le rayon. — Si on joignait aussi AC, on formerait un triangle ABC, tel que ses trois sommets seraient sur la circonférence. On a donc en même temps le moyen de *circonscrire une circonférence à un triangle.*

Fig. 2.

Applications. — Nous dessinerons des *ornements* formés d'arcs de cercle, ou de cercles entrelacés, tels qu'on en peut voir dans des *vitraux* (fig. 2), ou dans certaines *décorations d'édifices.* La figure 2 peut être coloriée et servirde motif à répétition sur les quatre sens.

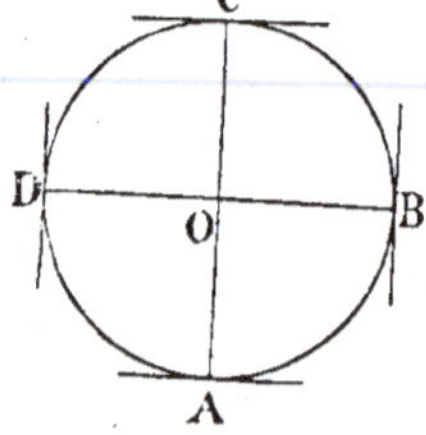

Fig. 3.

Leçon 34. — **Dessin à main levée. Comment on trace un cercle à la main.** — Il est nécessaire de savoir faire un *cercle à main levée* (fig. 3). Pour bien réussir, on trace deux droites perpendiculaires et à partir du point de croisement O on prend sur les quatre directions une longueur égale au rayon du cercle qu'on veut dessiner. Aux points extrêmes, A, B, C, D, on mène des parallèles aux diamètres, ce seront les tangentes du cercle. On joint ensuite les points A et B, B et C, C et D, D et A, par des arcs de cercle bien réguliers, bien égaux, tangents aux droites tracées en A, B, C, D.

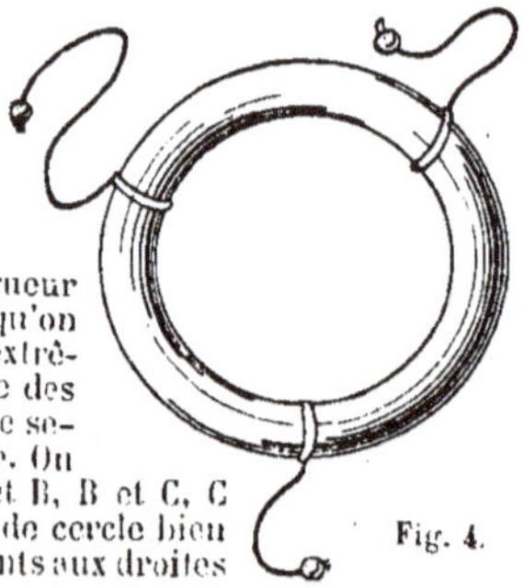

Fig. 4.

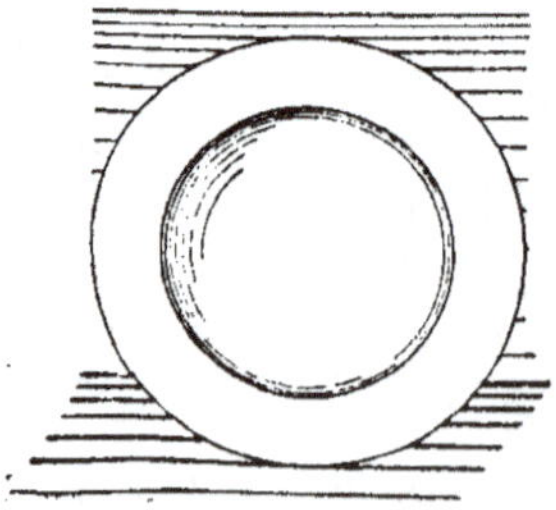

Fig. 5.

Applications. — Une *bouée de sauvetage* (fig. 4) qui a la forme d'une couronne circulaire; une *assiette* (fig. 5) est formée aussi de deux cercles concentriques, mais la disposition des ombres est différente.

Enfin, on pourra faire le dessin d'un *balcon* avec des tuiles courbes (fig. 6). Chacune est formée d'un demi-cercle; il faudra indiquer la largeur de la tuile en perspective.

PREMIÈRE SEMAINE

Une *bicyclette* (fig. 7) nous fournit encore une application du cercle. On marquera sur

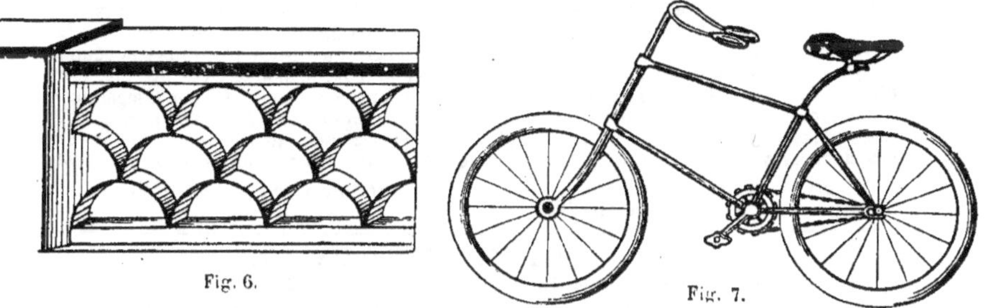

Fig. 6. Fig. 7.

chaque roue l'épaisseur du caoutchouc, et on **tracera** 16 rayons régulièrement espacés dans chacune.

TRAVAIL MANUEL

LEÇONS 33-34. — MODELAGE. — **Socle cubique.** — Pour construire, avec de la terre glaise, un solide en forme de socle cubique : 1° (fig. *a* et *b*) je forme un fond ayant pour base un carré *abcd* de 0m,20 de côté et une hauteur de 0m,04. Sur ce fond je construis un cube ayant pour base le carré *efgh* de 0m,12 d'arêtes. Je rends les faces bien planes et les arêtes aussi nettes que possible et j'obtiens le socle représenté par la figure *c*.

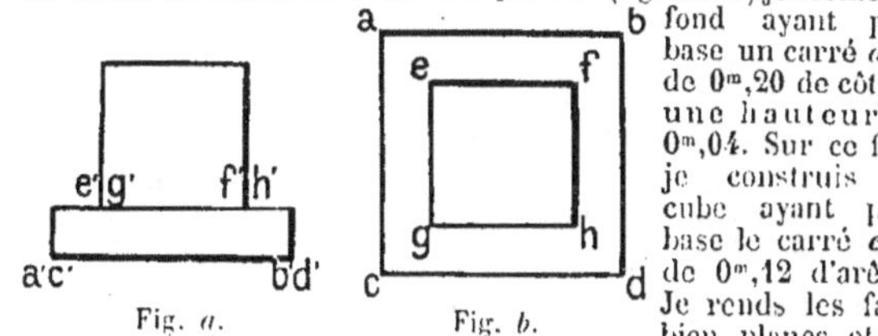

Fig. *a*. Fig. *b*.

Fig. *c*.

LEÇONS 33-34. — **Filles**. — COUTURE. — Marque.

Lettres italiques (Voir Décembre, première, deuxième et troisième semaines).
Chiffres italiques (Voir Janvier, première et deuxième semaines).

CHANT

EXERCICES sur les valeurs.

DEUXIÈME SEMAINE — LUNDI

MORALE

Leçon 86. **Devoirs envers nous-mêmes. L'hygiène; la gymnastique.** — Les soins à donner à notre corps sont indispensables à la santé. L'*hygiène* est un devoir. Il ne suffit pas de quelques soins superficiels pour dire qu'on observe l'hygiène. Il faut soumettre le corps à des exercices réguliers. C'est pour cela que nous consacrons du temps à la *gymnastique*. Les anciens y attachaient une très grande importance. La gymnastique était une partie principale de l'éducation. Elle assouplit les membres, les muscles, entretient la vigueur, l'énergie, facilite le jeu de tous les organes. Non pas qu'il faille pousser ces exercices jusqu'à une fatigue excessive. On dépasserait le but. La gymnastique doit être mesurée, savante. Ne méprisez aucun des exercices qu'on vous fait faire : ils sont raisonnés, ils sont nécessaires.

Résumé. — L'hygiène est une nécessité impérieuse, un devoir envers le corps. La gymnastique est une des formes de l'hygiène.

ARITHMÉTIQUE

Leçon 86. **Division; procédés de calcul mental; unités et dizaines.** — Lorsqu'on a des nombres à diviser supérieurs à ceux qu'on connaît dans la table de multiplication, le procédé consiste à décomposer les nombres en parties faciles à diviser.

1° Soit : **60 : 3**. Puisque 6 : 3 = 2, 60 : 3 = **20**. De même : **6 : 0 3 0 = 2** ;

2° Soit : **64 : 4**. 64 = 60 + 4 ou 40 + 24. Donc 60:4=**15** et 4:4=**1**, ce qui donne 64:4=**16** (15+1) ou bien

40:4=**10** et 24:4=**6** .... 64:4=**16** (10 + 6)

3° Soit : **764:4**. Je dis 764=400+360+4, donc 400:4=**100** et 360:4=**90** et 4:4=**1**, ce qui permet de dire 764 : 4= **191** (100 + 90 + 1).

Exercices. Calcul mental (p. 33, n° 22).

A.	*B.*	*C.*	*D.*	*E.*
27:3=9	80:4=20	84:2=42	54:2=27	280:5=56
72:8=9	60:2=30	48:2=24	75:3=25	366:6=61
81:9=9	150:5=30	63:3=21	96:4=24	427:7=61
63:7=9	240:6=40	96:3=32	96:6=16	144:8=18
56:8=7	630:9=70	84:4=21	65:5=13	378:6=63
54:6=9	450:5=90	55:5=11	75:5=15	396:9=44

GRAMMAIRE

Leçon 86. **Pluriel des adjectifs; cas particuliers.** — Les adjectifs terminés par **s**, **x** ne sauraient prendre un **s** au pluriel et ne changent pas : *exquis*.

Les adjectifs terminés en **eau** font le pluriel en ajoutant **x** : *nouveaux*.

Les adjectifs terminés en **al** changent **al** en **aux**.

Certains adjectifs en **al** ne s'emploient pas au masculin pluriel. Si l'on veut mettre au pluriel le nom masculin auquel ils sont attachés, il faut changer le nom et lui donner un synonyme féminin.

Ce sont : **jovial, colossal, glacial, final, initial, martial, vénal, frugal, natal, banal, matinal, pénal, théâtral, thermal, pastoral, pluvial, magistral, patronal.**

Exercices (page 53). — *Mettre au pluriel et remplacer le nom par un nom féminin :*

313. un vent glacial — des bises **glaciales**
un mur colossal — des statues colossales
un chant final — des conclusions finales
un repas frugal — des tables frugales

314. un mot banal — des paroles banales
un air pastoral — des chansons pastorales
un feuillet initial — des feuilles initiales
un ton magistral — des voix magistrales

315. un objet vénal — des choses vénales
un règlement pénal — des lois pénales
un geste théâtral — des manières théâtrales
un bain thermal — des eaux thermales

316. un coq matinal — des poules matinales
un trompette martial — des marches martiales
un pays natal — des contrées natales
un réservoir pluvial — des citernes pluviales

HISTOIRE

Leçon 52. **La nuit du 4 Août; abolition de la féodalité.** — Les provinces, à leur tour, se soulevaient. Les paysans, las du régime féodal, se précipitaient sur les châteaux : c'étaient leurs Bastilles! L'Assemblée résolut de calmer cette agitation dangereuse par des décisions promptes et hardies. A une séance du soir, le 4 août, le comte de Noailles vint déclarer que le grand moyen d'arrêter les troubles, c'était de donner satisfaction au peuple en abolissant le régime féodal. Aussitôt seigneurs, évêques, députés des villes se

DEUXIÈME SEMAINE — LUNDI

succèdent à la tribune et viennent renoncer à leurs privilèges. En quelques heures, les députés décrétèrent la destruction du **régime féodal** qui durait depuis tant de siècles. On se félicitait, on s'embrassait. Une France nouvelle naissait en cette nuit du 4 août 1789, à jamais mémorable.

Mais toutes ces agitations avaient arrêté le travail, le commerce. De mauvaises récoltes avaient amené la famine. La population parisienne, toujours défiante à l'égard de la cour, se porta sur *Versailles* dans la journée du 5 octobre. Des bandes nombreuses, précédées par des femmes qui portaient des armes, criaient : « Du pain ! du pain ! » Le matin du 6 octobre, elles réussirent à pénétrer dans le château. Les appartements furent envahis et le roi fut obligé de promettre de revenir à Paris. Il y rentra au milieu de cette foule joyeuse de sa victoire. Il se trouva dès lors comme prisonnier au palais des Tuileries. L'Assemblée nationale quitta Versailles et vint s'établir à Paris dans la salle du Manège, près des Tuileries.

Elle continua les changements qu'elle avait commencés, supprima toutes les lois de l'ancien régime, les anciens impôts, établit un nouveau mode de gouvernement où les pouvoirs du roi étaient limités.

RÉSUMÉ. — L'Assemblée, dans la *nuit du 4 Août*, abolit la féodalité, mais sans arrêter les troubles que la famine perpétuait. Le roi fut ramené de force à Paris dans les journées des 5 et 6 octobre 1789.

SCIENCES NATURELLES

LEÇON 35. **Les oiseaux; les grimpeurs, les échassiers.** — Certains oiseaux, comme le *pic*, ont aux pattes quatre doigts épais, nerveux, armés de gros ongles arqués, implantés sur un pied très court et puissamment musclé, qui leur servent à s'attacher fortement et à grimper en tous sens autour du tronc des arbres. Ce sont les *grimpeurs*. Le pic a un bec tranchant et droit, à l'aide duquel il perce l'écorce des arbres où les insectes ont déposé leurs œufs. Le *perroquet* est un grimpeur. Ses belles couleurs le font rechercher non moins que sa faculté de répéter les sons, les paroles. Est-ce à dire que le perroquet *parle* et se rapproche de l'homme? Non, il ne fait entendre que des cris ou des phrases très courtes, et ne peut ni chanter, ni répéter des airs modulés. Néanmoins il imite tous les bruits qu'il entend, le miaulement du chat, l'aboiement du chien et les cris des oiseaux aussi facilement qu'il contrefait la parole. Mais cette imitation reste dans l'individu, il *parle* mais ne *comprend* pas. Le perroquet ne peut transmettre à d'autres cette imitation toujours individuelle et qui ne saurait se communiquer à l'espèce entière. C'est là ce qui a fait l'infériorité des animaux en apparence les plus intelligents. L'homme seul instruit, améliore, perfectionne son espèce.

Voyez sur le bord des étangs, au milieu des marais, ces oiseaux longs, dont le long bec « est emmanché d'un long cou », et qui marchent sur de hautes pattes semblables à des *échasses* : ce sont les **échassiers** : la *cigogne*, la *grue*, le *héron*. La *cigogne* choisit souvent les habitations de l'homme pour domicile; elle s'établit sur les cheminées, les tours. Les *grues* portent leur vol très haut et se mettent en ordre pour voyager, elles forment un triangle. Les oiseaux aquatiques, comme les *canards*, les *cygnes*, les *mouettes*, nagent très bien. Leurs pattes sont placées à l'arrière du corps, et leurs doigts sont réunis par une membrane, de sorte que les pattes font office de *rames*. On désigne ces oiseaux sous le nom de *palmipèdes*. Parmi eux se trouve l'*albatros*, le *goéland* et ces singuliers oiseaux plongeurs, les *manchots* et les *pingouins*, qui nagent en s'aidant de leurs courtes ailes.

Dans les déserts de l'Afrique, *l'autruche* atteint une taille de 2m,50. Ses longues jambes font de cet oiseau un remarquable coureur.

RÉSUMÉ. — Certains oiseaux sont *grimpeurs* (pics, perroquets), d'autres *aquatiques*. Parmi ceux-ci les uns sont perchés sur de longues jambes (cigogne, grue, héron), d'autres nagent (canards, cygnes, etc.).

LECTURE

H. SAGNIER, Notions élémentaires sur les sciences appliquées à l'agriculture et à l'hygiène, p. 248. *Hygiène du corps.*

ÉCRITURE

Écriture en moyen. — *Le pays réclame les services de tous les citoyens.*

MORALE

Leçon 87. **Devoirs envers nous-mêmes ; l'hygiène ; la tempérance.** — La nature, pour faciliter l'alimentation de l'homme, y a attaché une sensation agréable. Vos physionomies prennent une expression particulière quand vous attendez l'heure de la soupe et qu'elle apparaît fumeuse, appétissante sur la table. Mais le plaisir cache aussi un danger. Nous y reviendrons en parlant de l'un des pires défauts, la gourmandise. Socrate avait coutume de dire : « Il faut manger pour vivre et non vivre pour manger ». Un Athénien, s'entretenant avec cet illustre philosophe, se plaignait de manquer d'appétit et de ne trouver bon rien de ce qu'il mangeait : « Je sais, lui dit le philosophe, un remède infaillible à votre mal : mangez moins. Les mets vous paraîtront plus agréables, vos dépenses seront diminuées et vous vous porterez mieux ». Si l'on charge le corps d'une trop grande nourriture, il s'alourdit, s'épaissit ; la circulation du sang est gênée et alors surviennent une foule d'accidents qui ont les plus fâcheuses conséquences.

Résumé. — La sobriété ou la tempérance est encore un devoir d'hygiène.

ARITHMÉTIQUE

Leçon 87. **4° Multiplication et division par 25.** — On multiplie un nombre par 25 en lui ajoutant deux zéros et en prenant le quart du nombre ainsi formé. Soit : $36 \times 25 = 900$, car le quart de 3600 est 900. On divise un nombre par 25 en le multipliant par 4 et en supprimant deux chiffres à droite. Soit 625 : 25. Comme $625 \times 4 = 2500$, on a 625 : 25 = **25**.

Exercices. Calcul mental (p. 33, n° 22, *suite*).

F.	*G.*	*H.*	*I.*
412:4=103	60:30=2	48×25=1200	125:25= 5
801:9= 89	90:30=3	72×25=1800	275:25=11
603:3=201	120:20=6	36×25= 900	850:25=34
445:5= 89	240:40=6	24×25= 600	525:25=21
343:7= 49	810:90=9	96×25=2400	450:25=18
512:8= 64	720:80=9	60×25=1500	375:25=15

Écrire immédiatement les résultats :

J.	K.	L.	M.	N.	O.	P.
$\frac{250}{10} = 25$	$\frac{8710}{10} = 871$	$\frac{6450}{10} = 645$	$\frac{36\,500}{100} = 365$	$\frac{47\,200}{100} = 472$	$\frac{678\,000}{1000} = 678$	$\frac{50\,000}{10\,000} = 5$
$\frac{300}{10} = 30$	$\frac{5684}{10} = 568$	$\frac{7890}{10} = 789$	$\frac{37\,540}{100} = 375$	$\frac{54\,650}{100} = 546$	$\frac{489\,217}{1000} = 489$	$\frac{160\,000}{10\,000} = 16$

GRAMMAIRE

Leçon 87. Dictées (p. 53). — *Faire accorder les adjectifs, souligner les noms concrets :*

317. La nature brute et la puissance de l'homme. — Voyez ces plages (*désertes*), ces (*tristes*) contrées où l'homme n'a jamais résidé, (*couvertes*) ou plutôt (*hérissées*) de bois (*épais*) et (*noirs*) dans toutes les parties (*élevées*) ; des arbres sans écorce et sans cime, (*courbés*), (*rompus*), tombant de vétusté ; d'autres, plus (*nombreux*), gisant auprès des (*premiers*) sur des monceaux déjà (*pourris*), étouffent, ensevelissent les germes (*prêts*) à éclore. La nature paraît ici dans sa décrépitude ; la terre, (*surchargée*) par les débris de ses productions, n'offre qu'une étendue (*chargée*) de plantes (*parasites*).

L'homme dit : la nature (*brute*) est (*hideuse*) et (*mourante*) ; c'est moi (*seul*) qui peux la rendre (*agréable*) et (*vivante*) : desséchons ces marais, animons ces eaux (*mortes*) ; formons-en encore des ruisseaux, des canaux ; mettons le feu à cette bourre (*superflue*), à ces (*vieilles*) forêts.

318. Bientôt nous verrons paraître l'herbe (*douce*) et (*salutaire*) ; un troupeau d'animaux (*bondissants*) foulera cette terre jadis (*impraticable*) ; ils y trouveront une subsistance (*abondante*) ; servons-nous de ces (*nouveaux*) aides pour achever notre ouvrage : que le bœuf, soumis au joug, sillonne la terre.

Multiplions les fleurs (*odoriférantes*), les fruits (*délicieux*) ; propageons les espèces (*utiles*) d'animaux. Tirons des entrailles du sol l'or et le fer, plus (*utile*) que l'or. Contenons les torrents (*fougueux*), traversons les (*vastes*) mers, rendons la terre aussi (*vivante*) que (*féconde*) ; dans les vallées nous aurons de (*riantes*) prairies, dans les plaines de (*riches*) pâturages ou des moissons encore plus (*riches*) ; sur les collines croîtront des vignes et des fruits (*vermeils*) ; sur leurs sommets, nous planterons de (*jeunes*) forêts ; les déserts deviendront des cités (*populeuses*).

(D'après Buffon.)

319. *Mettre au pluriel, dans la dictée 318, les phrases qui n'y sont pas et qui peuvent s'y mettre.*

DEUXIÈME SEMAINE — MARDI

GÉOGRAPHIE

Leçon 36. **Les eaux en France. Comment elles se partagent.** — Si nous appelons *massif central* le massif des Cévennes et des monts d'Auvergne, ce n'est point seulement parce qu'il renferme les plus hautes montagnes de l'intérieur, mais parce qu'il est le véritable point de distribution des eaux. De ses quatre faces orientées selon les quatre points cardinaux s'écoulent des eaux abondantes : des torrents qui vont au Rhône (*Ardèche*, *Gard*) et par conséquent à la Méditerranée, de belles rivières (*Tarn*, *Lot*, *Dordogne*) qui vont à la Garonne et par conséquent à l'Océan Atlantique, puis, au nord, un grand fleuve, la *Loire*, avec l'*Allier*, un de ses affluents, et d'autres rivières (*Cher*, *Indre*, *Vienne*). De ce massif donc découle la plus grande partie des eaux qui vont arroser au loin les vallées.

Du reste c'est encore d'une des branches de ce massif central, de la *Côte-d'Or* et des *monts du Morvan*, que sortent la rivière de l'*Yonne*, affluent de la Seine, la *Seine* elle-même, l'*Aube*. La *Marne*, les eaux qui en partie arrosent le bassin de la Seine, viennent, à quelque distance sans doute, du même système de montagnes qui déverse ses eaux au Rhône, à la Loire, à la Garonne.

Du plateau de Langres et des monts Faucilles, en même temps que les eaux de la *Saône* descendent au midi pour grossir le Rhône, la *Meuse* s'en va, au nord, confondre ses bouches, hors de France, avec celles du Rhin et jeter ses eaux dans la mer du Nord.

Les différents bassins des fleuves de France communiquent facilement entre eux et il n'a fallu que quelques travaux pour unir toutes nos rivières et en faire autant de chemins qui permettent d'aller dans n'importe quelle région du pays.

Pour construire la carte du massif central, on se rappellera qu'il forme une fourche dont les trois dents sont indiquées par les lignes

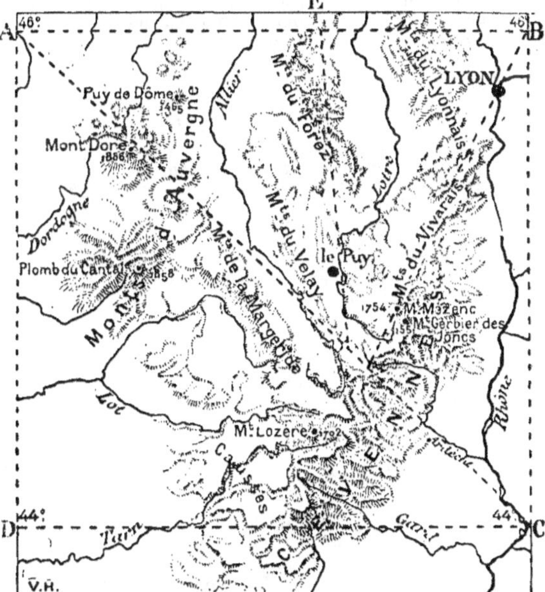

pointillées. On tracera le 46ᵉ et le 44ᵉ parallèle, puis une ligne DC déterminant un rectangle ABDC dont la hauteur égale un peu plus d'une fois la largeur. Il sera facile alors de tracer la diagonale AC, puis d'autres diagonales indiquant la direction des trois chaînes de montagnes. L'Allier, la Dordogne et le Tarn traversent AB, AB, DC au milieu de leur longueur

Résumé. — Les eaux en France partent du *massif central*, puis des *monts* de la *Côte-d'Or*, du *Morvan*, enfin du *plateau de Langres* et des monts *Faucilles*.

LECTURE

Barrau, Livre de Morale pratique, p. 110, *Intempérance*.

ÉCRITURE

Écriture en moyen. — *L'hygiène est un de nos principaux devoirs matériels.*

MORALE

LEÇON 88. **Devoirs envers nous-mêmes; la tempérance.** — Il faut surtout être sobre en ce qui concerne la boisson. Certes le vin est agréable au goût. Il réchauffe, il égaie. La bière, dans le pays où elle est la boisson exclusive, est mousseuse et excitante. On se laisserait volontiers aller à boire sans nécessité. C'est là un des pires dangers. L'hygiène condamne absolument les excès. Je ne parle pas ici de l'ivresse, dont nous verrons plus tard les funestes effets. Je parle du simple abus du vin et de la bière, sans que cet abus aille jusqu'à troubler la raison. Ne vous habituez pas à boire du vin pur. Buvez le moins possible entre vos repas. Et, quand vous serez grands, fuyez toutes les occasions qui vous entraîneraient à boire sans mesure. Cette tempérance est un des premiers devoirs de l'homme et on ne se doute pas de la quantité de maux que l'oubli de cette tempérance entraîne après elle.

RÉSUMÉ. — Il faut éviter de se laisser aller à boire sans nécessité.

ARITHMÉTIQUE

LEÇON 88. EXERCICES (p. 35, nº 27). — **Exercices sur les quatre règles. — Siège de Paris 1870. — 41.** On avait divisé l'enceinte des fortifications de Paris en 9 *secteurs*. Chaque secteur comprenait 10 bastions. Combien de bastions? R. 90.

Autour de Paris se dressaient 16 forts armés chacun de 20 canons de gros calibre. Les bastions avaient 8 canons. Combien de canons en tout? R. 320 + 720 = 1 040.

42. En dehors de l'*armée de ligne* il y avait la *garde nationale*, comptant :

Secteurs.	Hommes.	Secteurs.	Hommes.
1 Bercy. . . .	37,124	6 Passy.	17,922
2 Belleville. .	75,858	7 Vaugirard.. .	22,169
3 La Villette. .	51,856	8 Montparnasse.	26,010
4 Montmartre.	59,955	9 Les Gobelins.	33,460
5 Les Ternes. .	42,563		

Combien de gardes nationaux dans les 4 premiers secteurs? R. 224 793. — Combien en tout? R. 366 947.

GRAMMAIRE

LEÇON 88. **Syntaxe de l'adjectif; adjectifs dérivés.** — *Naturel* est dérivé du nom **nature**. *La plupart des adjectifs sont dérivés des noms.*

Rougeâtre, qui veut dire « à peu près rouge », vient de **rouge**. *Certains adjectifs sont dérivés d'adjectifs.*

Admirable vient du verbe **admirer**. *Beaucoup d'adjectifs sont dérivés de verbes.*

Participes adjectifs. — *Campagne boisée*, l'adjectif *boisée* vient d'un participe passé; *eaux abondantes*, l'adjectif *abondantes* vient d'un participe présent. *Beaucoup d'adjectifs sont dérivés des participes présents ou passés.*

EXERCICES (p. 54). — *Indiquer les noms d'où sont dérivés les adjectifs suivants.* Modèle : **riverain** *vient de* **rive** *par le suffixe* **rain**.

320. riverain (rive, suff. *rain*) | appétissant (appétit, suff. *issant*) | féculent (fécule, suff. *ent*)
horizontal (horizon, suff. *tal*) | avarié (avarie, suff. *é*) | terrestre (terre, suff. *estre*)
cendré (cendre, suff. *é*) | naturel (nature, suff. *el*) | bourbeux (bourbe, suff. *eux*)

321. hygiénique (hygiène, suff. *ique*) | écumeux (écume, suff. *eux*) | climatérique (climat, suff. *érique*)
accessible (accès, suff. *ible*) | poissonneux (poisson, suff. *eux*) | massif (masse, suff. *if*)

Former des adjectifs avec les noms suivants et les faire entrer dans une phrase.

322. hiver | matin | artifice | rose | matière | poudre | **323.** argile | neige | brume | paix | lait | ver

La saison *hivernale* est un temps de repos pour la terre, mais non pour l'homme. — Le laboureur est *matinal*. — Il y a en France beaucoup de prairies *artificielles*. — Un visage *rosé* indique une bonne *santé*. Je n'ai pas eu le temps *matériel* d'arriver. — La route était *poudreuse*. — Les terrains sont *argileux*. — Des cimes de 2 000 mètres sont *neigeuses*. — Les temps *brumeux* sont tristes. — Soyez *pacifiques*. — Les villages sont *paisibles*. — Dans cette ferme on compte beaucoup de vaches *laitières*. — Ces pommes sont *véreuses*.

HISTOIRE

LEÇON 53. **Fin de l'Assemblée Constituante.** — Louis XVI avait paru un moment accepter les changements que l'Assemblée apportait dans la société et le gouvernement. Il s'associa à une fête grandiose, le 14 juillet 1790, anniversaire de la prise de la Bastille. Les délégués des gardes nationales de tout le royaume, *fédérées* entre elles (réunies), vinrent fraterniser au Champ de Mars avec la garde nationale parisienne. C'était la fête de l'*Unité française*.

Mais bientôt Louis XVI s'effraya des nouvelles réformes de l'Assemblée, surtout de celles qui concernaient le clergé et l'Eglise. Les *clubs* (mot anglais par lequel on désignait les réunions publiques) retentissaient de discours violents. Les *journaux*, devenus *libres*, achevaient, par leurs discussions passionnées, de troubler l'esprit faible du roi. Louis XVI résolut de s'enfuir vers une petite armée réunie près de la frontière de l'*Est* et s'échappa des Tuileries avec sa famille dans la nuit du 20 juin 1791. Reconnu, arrêté à *Varennes*, il fut ramené à Paris, mais suspendu de ses fonctions. Il y eut comme un interrègne. Puis l'Assemblée, ayant terminé la rédaction de la nouvelle constitution, dite de 1791, rétablit Louis XVI dans son autorité et le roi prêta serment de n'exercer cette autorité que dans les limites où elle était renfermée, car il devait gouverner de concert avec une *Assemblée législative*.

Les députés de l'Assemblée constituante, ayant achevé leur œuvre et tenu leur serment du Jeu de Paume, se séparèrent (30 sept. 1791) pour faire place à une nouvelle Assemblée.

RÉSUMÉ. — Louis XVI qui, lors d'une fête patriotique, avait paru réconcilié avec la nation s'alarma de tous les changements qu'on lui imposait, et s'enfuit de Paris (20 juin 1791). On le reprit et on le força d'accepter la nouvelle constitution, dite de 1791.

SCIENCES NATURELLES

LEÇON 36. — **Les oiseaux : les gallinacés; les passereaux.** — Nos basses-cours sont remplies d'oiseaux qui contribuent à notre alimentation : les *pigeons* et les *gallinacés*, comprenant les variétés de poules, de dindes. Ces oiseaux se nourrissent de graines et supportent aisément la captivité dans laquelle on les engraisse. Il est probable que les *poules* viennent de l'Inde, où l'on en trouve de curieuses variétés. Le *dindon* vient d'Amérique. La *pintade* vient d'Afrique. Parmi les gallinacés on remarque des espèces au plumage brillant : le *faisan*, le *paon*, qui étale une queue en éventail ornée des couleurs les plus variées.

Quelle légion de petits oiseaux, dans les beaux jours, animent les champs et les bois ! Voici l'*alouette* qui commence à chanter dès les premiers jours du printemps, l'*hirondelle* voyageuse, le *rossignol*, l'oiseau chanteur dont la voix lance de véritables fusées de chant, la *linotte* au ramage agréable, le vif *pinson*, le *bouvreuil* avec son beau plumage et sa belle voix, la *fauvette* vive, agile, légère, le *rouge-gorge* peu farouche, la *bergeronnette*, familière avec les troupeaux, le petit *roitelet* auquel la nature a donné une couronne, l'*oiseau-mouche* si élégant et si brillant, le *colibri* aussi léger, aussi brillant, paré des plus riches couleurs. Ces oiseaux se nourrissent de *graines* ou d'*insectes*. On les désigne sous le nom général de *passereaux*, mais sous ce nom on comprend plus de deux cents espèces.

Les plus gros sont les *pies*, les *geais*, les *corbeaux* dont le bec est gros, court et fort. Ces oiseaux sont aussi carnivores et dépècent les cadavres. En général les oiseaux de l'ordre des passereaux rendent de grands services à l'agriculture, parce qu'ils délivrent nos champs et nos arbres d'une multitude d'insectes. Respectons et protégeons les petits oiseaux.

RÉSUMÉ. — Les oiseaux de nos basses-cours sont des *gallinacés*. L'ordre des *passereaux* comprend plus de deux cents espèces variées.

LECTURE

BARRAU, Livre de Morale pratique, p. 107, *Repas frugal*.

ÉCRITURE

LEÇON. — La lettre *g* se compose de la lettre *o* et de la lettre *j*; mais il faut que l'ovale de l'*o* soit plus penché que le jambage du *j*.

6 m/m

9 m/m

g g g g gage

DEUXIÈME SEMAINE — VENDREDI

MORALE

LEÇON 89. **Devoirs envers nous-mêmes; la destruction du corps.** — Puisque nous avons tant de soins à prendre envers le corps, que penser de ceux qui le détruisent au contraire et se suicident ? Le corps, la vie, ne sont-ils pas les premiers biens ? Nous n'avons pas, pour le moment, à discuter les motifs par lesquels on cherche à excuser le suicide. Nous ne pouvons que le déclarer une folie. C'est un acte lâche et coupable de mettre fin à une existence qui nous impose des devoirs, de détruire un corps qui en lui-même, sans doute, est périssable, mais contient une âme destinée à ne pas périr. Notre corps est un don. Nous n'avons pas le droit de nous en débarrasser, même quand ce don nous ferait souffrir. Mais n'insistons pas sur ces cas si pénibles et heureusement rares. Seulement disons-nous qu'il y a bien des moyens de se suicider et que le plus lent, sans doute, mais le plus certain, c'est de mépriser les règles de l'hygiène, de la sobriété, de la tempérance. Que d'hommes se retranchent, par leur faute, de longues années de vie !

RÉSUMÉ. — La nature nous a donné un corps pour le conserver et non pour le détruire, qu'on le détruise violemment ou par l'intempérance.

ARITHMÉTIQUE — GÉOMÉTRIE

LEÇON 89. GÉOMÉTRIE. **Le Cercle.** — La circonférence d'un cercle, étant une ligne, a une certaine longueur ; on l'a comparée à la longueur d'un diamètre, et l'on a vu que le diamètre n'est pas contenu un nombre exact de fois dans la circonférence ; le nombre approché à 0,01 près est 3,14. — Ainsi, lorsqu'on connaît la longueur du diamètre d'une circonférence, il suffit de la multiplier par 3,14 pour avoir la longueur de cette circonférence.

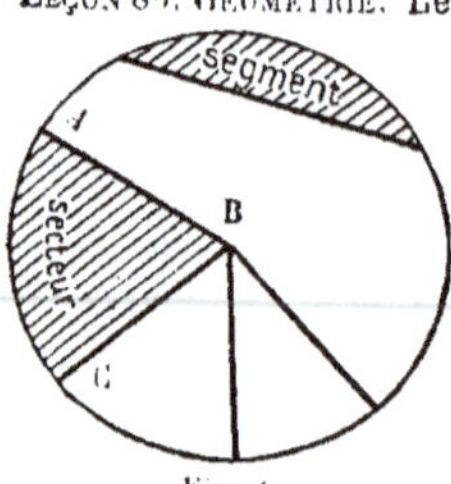

Fig. 1.

Si dans un cercle on trace deux rayons (fig. 1), la portion de plan ABC comprise entre l'arc et ces rayons est un *secteur*. Les secteurs d'un cercle ont donc comme point commun le centre du cercle. La portion de cercle comprise entre l'arc et la corde s'appelle *segment*.

On peut dire qu'un secteur de cercle se compose d'un triangle isocèle et d'un segment de cercle.

Si l'on trace deux circonférences concentriques, il y a un espace annulaire compris entre elles ; cette surface porte le nom de *couronne*.

RÉSUMÉ. — On trouve la longueur d'une circonférence en multipliant le diamètre par le nombre 3,14.

Le secteur circulaire, le segment circulaire, la couronne, sont des portions de cercle.

GRAMMAIRE ET LECTURE EXPLIQUÉE

LEÇON 89. LE COLIBRI

Enfin pour achever ces nombreux parallèles,
Avec la lourde autruche et ses mesquines ailes
Comparez cet oiseau qui, moins vu qu'entendu,
Ainsi qu'un trait agile à nos yeux est perdu ;
Du peuplé ailé des airs brillante miniature,
Où le ciel des couleurs épuisa la parure ;
Et, pour tout dire enfin, le charmant colibri
Qui de fleurs, de rosée et de vapeurs nourri,
Jamais sur une tige un instant ne demeure,
Glisse et ne pose pas, suce moins qu'il n'effleure ;
Phénomène léger, chef-d'œuvre aérien
De qui la grâce est tout et le corps presque rien ;
Vif, prompt, gai, de la vie aimable et frêle esquisse,
Et des dieux, s'ils en ont, le plus charmant caprice.

DELILLE, *Les trois Règnes*, VII.

EXPLICATIONS. — *Parallèles*. Quel est le sens de ce mot ? Quel est le synonyme ? *Comparaison*. — *Mesquines ailes*. Petites par rapport à la dimension du corps. — *Moins vu*, c'est-à-dire si petit qu'on le voit à peine, qu'on l'entend plutôt. — *Trait*. Que veut dire ce mot ? Quel est le synonyme ? *Flèche*. Trouver un homonyme. L'adverbe *très*. — *Peup. e ailé des airs*. Expression poétique, périphrase pour dire les oiseaux. — *Miniature*. Petit portrait, petite peinture. — *Des couleurs*. Inversion pour la *parure des couleurs*. — *Rosée*. Qu'est-ce que la rosée ? Qu'est-ce qui la produit ? La rosée est la vapeur d'eau de l'air que le froid du matin condense sur les plantes. — *Ne pose pas*, pour ne *se* pose pas. — *Phénomène*. Chose peu ordinaire. — *Esquisse*. Dessin ébauché. — *Des dieux*. Le poète se reporte à la mythologie des anciens.

DEUXIÈME SEMAINE — VENDREDI

GÉOGRAPHIE

Leçon 37. **Les eaux ; le versant de la Méditerranée.** — Vous vous rappelez ce qu'on entend par *versant*. C'est l'ensemble d'un pays dont les eaux se déversent dans la même mer. Un *bassin*, c'est l'ensemble d'un pays dont les eaux se déversent dans le même fleuve. Le versant de la Méditerranée ne comprend qu'un bassin important : le bassin du **Rhône**. Les montagnes qui dessinent le bassin du Rhône et d'où s'écoulent les eaux qui vont se réunir à ce fleuve sont : d'une part, la chaîne des *Cévennes*, les monts du *Vivarais*, les monts du *Lyonnais*, du *Beaujolais*, de la *Côte-d'Or*, le plateau de *Langres*, les monts *Faucilles* ; d'autre part, à l'est, les chaînes du *Jura* et des Alpes. D'un côté viennent les torrents qui s'échappent du massif central, les eaux plus calmes, plus lentes, des monts de la Côte-d'Or, du plateau de Langres et les rivières alimentées par les sources du Jura ; de l'autre côté, les rivières que nourrissent abondantes les glaciers de la chaîne des Alpes. Ce bassin est, sur deux points, profondément encaissé. Les Cévennes reçoivent de grandes quantités de pluie et, en hiver, sont couvertes de neiges. Les Alpes ont leurs neiges éternelles, réservoirs en quelque sorte inépuisables. Aussi le fleuve le Rhône, qui recueille toutes ces eaux, est-il un des plus remarquables et des plus intéressants, non seulement de notre pays, mais d'Europe.

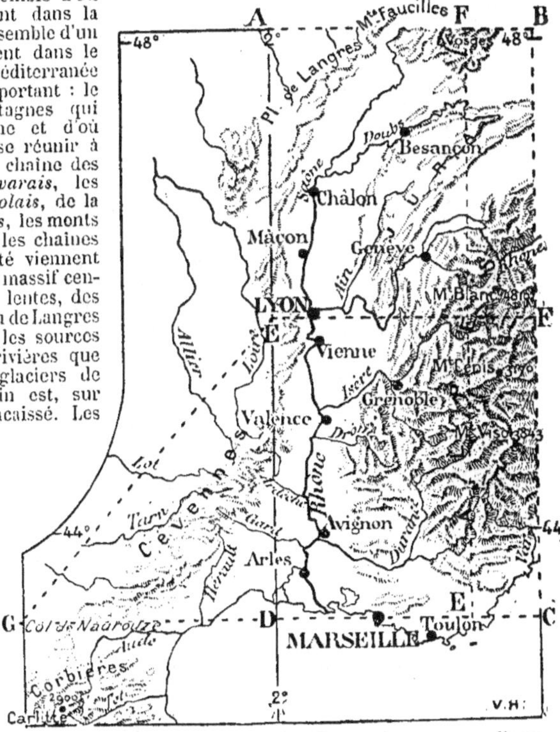

Pour construire la carte du bassin du Rhône, traçons un rectangle ABCD dont la hauteur égale deux fois et demie la largeur. Le rectangle comprendra presque entièrement le bassin du Rhône, sauf les deux bassins côtiers de la partie occidentale. La ligne DC servira de guide pour tracer le rivage. La ligne horizontale EF coupera en deux parties égales le rectangle et indiquera la hauteur de Lyon avec le cours supérieur du Rhône. Si l'on veut serrer de plus près les limites du bassin, on tracera une ligne verticale, le pointillé EF, coupant le Doubs et les Alpes ; puis du col de Naurouze une ligne oblique GE aboutissant à la hauteur de Lyon et donnant l'inclinaison des Cévennes. On aurait ainsi un triangle adjacent GDE.

Résumé. — Le bassin du Rhône est circonscrit par les Cévennes, les monts du Lyonnais, la Côte-d'Or, le plateau de Langres, les monts Faucilles, le Jura et la chaîne des Alpes.

LECTURE

H. Sagnier, Notions élém. sur les sciences, p. 267, *Les boissons.*
Mme Seignobos, Le Livre des petits ménages, p. 75, *Les boissons.*

ÉCRITURE

Écriture en gros. — *Bagage, orage, gigantesque, gingembre.*

DEUXIÈME SEMAINE — SAMEDI

MORALE ET LECTURE EXPLIQUÉE

Leçon 90. **Revision.** — La Fontaine nous résumera agréablement ce que nous avons dit de l'*intempérance*. Écoutons la fable de la belette qui n'avait pas su modérer son appétit.

LA BELETTE ENTRÉE DANS UN GRENIER

Damoiselle belette au corps long et fluet
Entra dans un grenier par un trou fort étroit.
Elle sortait de maladie.
Là, vivant à discrétion,
La galande fit chère lie,
Mangea, rongea : Dieu sait la vie,
Et le lard qui périt en cette occasion!
La voilà, pour conclusion,
Grasse, maflue, et rebondie.
Au bout de la semaine ayant dîné son soû,
Elle entend quelque bruit, veut sortir par le trou,
Ne peut plus repasser et croit s'être méprise.
Après avoir fait quelques tours,
«C'est, dit-elle, l'endroit: me voilà bien surprise;
J'ai passé par ici depuis cinq ou six jours. »
Un rat, qui la voyait en peine,
Lui dit : « Vous aviez lors la panse un peu moins pleine.
Vous êtes maigre entrée, il faut maigre sortir.
Ce que je vous dis là, l'on le dit à bien d'autres;
Mais ne confondons point, par trop approfondir,
Leurs affaires avec les vôtres. »

La Fontaine, livre III, fable 18.

Explications. — *Damoiselle*, pour demoiselle. C'était jadis un titre de noblesse. — *Etroit* se prononçait *étrait* et pouvait rimer avec *fluet*. — *Galande*, vieux mot, féminin de *galand* qui est resté seul en usage. — *Chère lie* : bonne chère, joyeuse vie; *lie* est l'adjectif de l'ancien substantif *liesse* (joie). — *Maflue*, mot ancien pour *plein*. — *Soû*, pour *soûl*, son content, expression vulgaire. — *Par trop approfondir* : *par* est ici mis pour le mot *pour* : en approfondissant trop.

ARITHMÉTIQUE

Leçon 90. Exercices (p. 36, nº 28). — **Commerce de la France (1887-1888).**

43. *Importations :*

	En 1887	En 1888
Objets d'alimentation	1 405 019 000 fr.	1 485 186 000 fr.
Matières nécessaires à l'industrie......	1 951 388 000	1 906 752 000
Objets fabriqués...	546 762 000	545 053 000
Autres marchandises.	122 797 000	115 914 000
Total......	4 025 966 000	4 052 905 000

44. *Exportations :*

	En 1887	En 1888
Objets d'alimentation	686 645 000 fr.	669 270 000 fr
Matières nécessaires à l'industrie......	695 175 000	690 478 000
Objets fabriqués...	1 677 814 000	1 656 217 000
Autres marchandises.	186 865 000	194 665 000
Total......	3 246 499 000	3 210 730 000

45. A combien se sont élevées les importations en 1887? — en 1888?

A combien se sont élevées les exportations en 1887? — en 1888?

46. De combien le total des importations surpasse-t-il le total des exportations en 1887? — en 1888? R. 779 467 000 — 842 175 000.

GRAMMAIRE

Leçon 90. **Adjectifs.** Exercices (p. 54). — *Indiquer les adjectifs d'où sont dérivés les adjectifs suivants, leur joindre un nom :*

324. douceet | rougeâtre | propret
douceâtre | bleuâtre | rondelet

Un homme doux, un vin douceâtre. — Une couleur rougeâtre, une teinte bleuâtre. — Une chambre proprette; un enfant rondelet. —

325. noiraud | jaunâtre | maigrelet
lourdaud | finaud | aigrelet

Une femme noiraude; une fille lourdaude. — Un teint jaunâtre. — Une fille maigrelette; un cidre aigrelet.

Former des adjectifs d'un sens contraire dérivés des adjectifs suivants et leur joindre des noms. Modèle : *Un homme honnête, une action déshonnête.*

326. direct | flexible | fructueux
altérable | discret | juste

Un complément direct; des contributions *indirectes*. — Une étoffe altérable; un métal *inaltérable*. — Un caractère flexible; un ouvrage *inflexible*. — Un homme discret; une parole *indiscrète*. — Un travail fructueux; une démarche *infructueuse*. — Une loi juste; une personne *injuste*.

Une ville salubre; le marais *insalubre*. —

327. salubre | mobile | mortel | propre
volontaire | moral | poli | pur

Une soumission volontaire; un enfant *involontaire*. — Une planche mobile; un bataillon *immobile*. — Une pensée morale; un discours *immoral*.

Un coup mortel; l'âme *immortelle*. — Une casserole polie; une femme *impolie*. — Une maison propre; un écolier *malpropre*. — Une action pure; une pensée *impure*.

DEUXIÈME SEMAINE — SAMEDI

HISTOIRE

Leçon 54. — Questionnaire. Quel jour se réunirent les États Généraux de 1789? Le 5 mai 1789. — Où? A Versailles. — Pourquoi le Tiers État réclamait-il le vote par tête? Parce que ses députés, en nombre double de chacun des autres ordres, auraient eu par ce vote l'influence à laquelle ils avaient droit. — Qui ne voulait pas leur reconnaître ce vote? Le roi et les deux Ordres privilégiés. — Quel serment mémorable prêtèrent les députés? Le serment dit du *Jeu de Paume*, serment par lequel les députés s'engageaient à ne plus se séparer avant d'avoir donné une constitution à la France. — Pourquoi ce serment fut-il appelé du Jeu de Paume? Parce que les députés du tiers, écartés de leur salle ordinaire, avaient été obligés de se réunir dans une salle de jeu de paume. — Quelle réponse Mirabeau adressa-t-il à la sommation faite au Tiers État? Nous sommes assemblés ici par la volonté du peuple et on ne nous en arrachera que par la force des baïonnettes. — Pourquoi l'Assemblée nationale prit-elle le nom de Constituante? Parce qu'elle avait pour mission de rédiger une Constitution. — A quelle occasion Paris se souleva-t-il? A cause des réunions de troupes étrangères et du renvoi du ministre Necker qui avait la confiance de l'Assemblée. — Qu'appelait-on la Bastille? Une forteresse bâtie sous Charles V à la porte Saint-Antoine et qui servait de prison d'État. — Que se passa-t-il dans les provinces? Les paysans se soulevaient et se précipitaient contre les châteaux, leurs bastilles. — Que fit l'Assemblée pour calmer cette agitation? Elle abolit la féodalité dans la séance mémorable de la nuit du 6 août. — Quelle grande fête fut célébrée en 1790? La fête de la fédération des gardes nationales ou de l'unité française. — Quand Louis XVI s'enfuit-il de Paris? Dans la nuit du 20 juin 1791. — Où fut arrêté Louis XVI? A Varennes, près de Sainte-Menehould. — Quand fut-il rétabli dans son autorité? Lorsqu'il eut prêté le serment d'accepter la constitution faite par l'Assemblée nationale. — Quand l'Assemblée constituante se sépara-t-elle? Le 30 septembre 1791.

SCIENCES PHYSIQUES

Leçon 16. — **La neige, la gelée; leur action sur la terre.** — Quand les champs sont couverts de neige, si l'on place un thermomètre sur une partie déblayée du sol, il marquera, par exemple, 5 degrés. Si, au contraire, on l'enfonce sous la neige, il remontera et marquera un ou deux degrés de moins. Donc la couche de neige préserve le sol du froid. C'est un manteau. Quoique très froide elle-même, elle empêche les froids les plus vifs de pénétrer jusqu'aux semailles enfoncées dans le sol. Dans les années où il tombe beaucoup de neige, les récoltes sont généralement plus abondantes. D'ailleurs la neige, de même que les pluies, renferment des substances fertilisantes.

La gelée produit d'autres résultats. Les mottes de terre que la charrue a soulevées et que la herse n'a pas complètement brisées, sont imprégnées d'eau par les pluies de l'automne. La gelée arrive. L'eau devient glace et brise les mottes, les réduit en poussière. Au printemps le cultivateur retourne le sol parfaitement *ameubli*. L'air pourra pénétrer jusqu'aux graines, qui germeront, et leurs jeunes pousses sortiront de terre. La gelée en outre et la neige détruisent une foule d'insectes nuisibles, non pas tous, car les vers, par exemple, s'enfoncent à une très grande profondeur, pour s'éloigner du froid meurtrier.

Résumé. — La neige, la gelée, si désagréables, ont leur utilité en agriculture. La neige protège la terre, la gelée l'ameublit.

LECTURE

Jost et Braeunig, Lectures pratiques, p. 355, *Les fleurs de glace*.

ÉCRITURE

Écriture en moyen. — *Vous êtes maigre entrée, il faut maigre sortir*

DEUXIÈME SEMAINE

DESSIN

Leçon 35. — **Dessin géométrique. Tracé des tangentes à la circonférence.** — 1° Tracer à la circonférence O une tangente au point P (fig. 1). Puisque toute tangente est perpendiculaire au rayon du point de contact, il suffit de mener le rayon OP et une perpendiculaire PA à ce rayon, au point P. La droite PA est la tangente demandée.

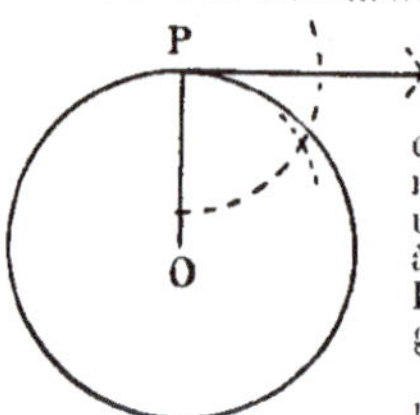

Fig. 1.

2° Tracer du point M une tangente à la circonférence O (fig. 2).

On joint OM. On prend cette droite pour diamètre d'une circonférence qui coupe la première en A et B.

On joint MA et MB qui sont toutes deux tangentes à la circonférence O et qui répondent à la question.

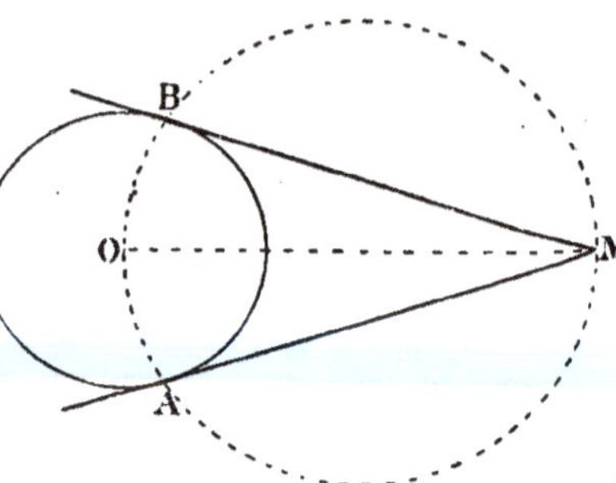

Fig. 2.

Applications. — On peut former une bordure de cercles et de carrés entrelacés, de telle façon que les côtés du carré sont tangents au cercle.

La figure 3 est une bordure plus grande ou une grille, le carré est remplacé par des rectangles dont les petits côtés sont les diamètres de deux demi-circonférences, et les cercles tangents aux grands côtés, placés au milieu, sont d'un faible rayon. C'est un motif de *grille de balcon.*

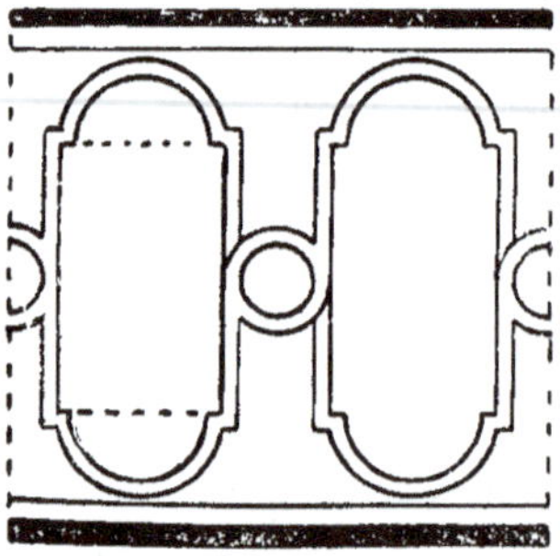

Fig. 3.

Leçon 36. — **Dessin à main levée. Feuilles de forme circulaire.** — Nous avons dessiné déjà des feuilles de plantes, de forme triangulaire ; dans la nature, où les formes sont si variées, on trouve des feuilles au contour nettement circulaire, telles que celles du géranium, de la capucine, de quelques espèces de mauve.

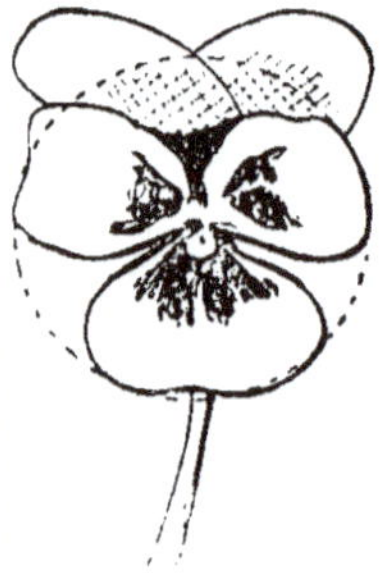

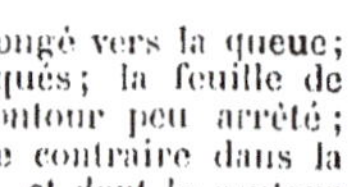

Fig. 5.

Pour tracer ces feuilles, il faudra d'abord faire un cercle. On dessinera une feuille de *géranium* en faisant un cercle un peu plus allongé vers la queue; le contour présente plusieurs lobes bien marqués; la feuille de *capucine*, si amincie, présente des lobes à contour peu arrêté; on marquera très peu les nervures; ce sera le contraire dans la feuille de *mauve* (fig. 4), beaucoup plus épaisse, et dont le contour est dentelé.

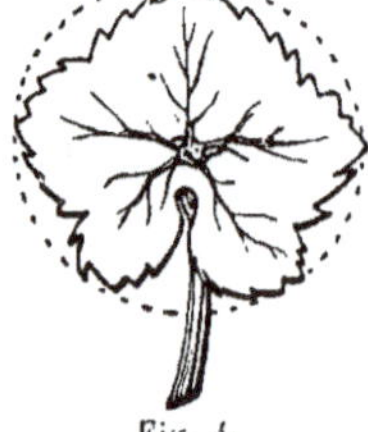

Fig. 4.

Enfin la fleur de *pensée* (fig. 5) à 5 pétales nous présente, dans les trois pétales placés en avant, une forme bien circulaire. En traçant des tangentes à ce cercle, on détermine la largeur pour les deux pétales à moitié cachés. Bien marquer dans cette fleur, à la naissance du pétiole, ces mille petites raies formant tache sur les pétales gracieusement colorés.

DEUXIÈME SEMAINE

TRAVAIL MANUEL

Leçons 35-36. — **Garçons.** — Cartonnage. — **Damier.** — A partir du 2e trimestre du cours moyen, le maître habituera les élèves à lire sur le dessin les dimensions ou *cotes* de l'objet à exécuter. Nous accompagnerons donc tous nos croquis, à l'avenir, de ces indications supplémentaires, qui faciliteront d'autant plus le travail. Les nombres indiqueront des millimètres.

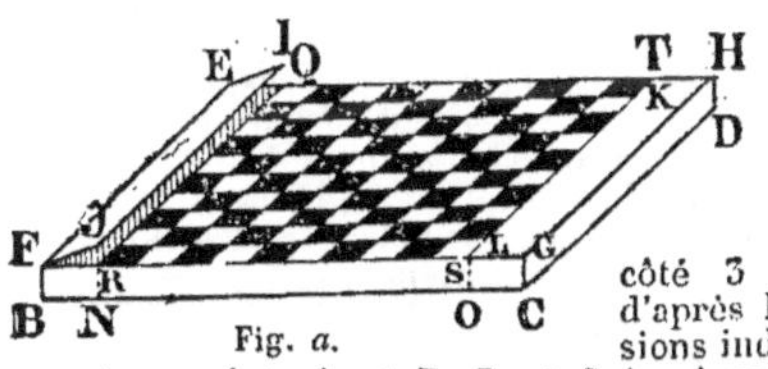

Fig. *a*.

1° Pour construire la *boîte du damier*, je dessine sur une feuille de carton (fig. *b*) un rectangle JLIK de 0m,180 sur 0m,100 et j'y place de chaque côté 3 rectangles d'après les dimensions indiquées.

Fig. *b*.

Aux points A et D, B et C je place deux rectangles de 0m,010 de large BFGC et AEHD.

2° Pour construire le *damier* (fig. *c*) je dessine un rectangle ABCD de 0m,142 sur 0m,100 et j'y place de chaque côté 2 rectangles d'après les dimensions indiquées. Dans le carré central QRST je dessine les cases du damier ; ces cases ont 0m,010 de côté.

3° Je sectionne entièrement suivant le contour des 2 figures obtenues; à mi-carton et *à l'endroit* suivant le **pointillé mixte** ; à mi-carton et *à l'envers* suivant le **pointillé long.**

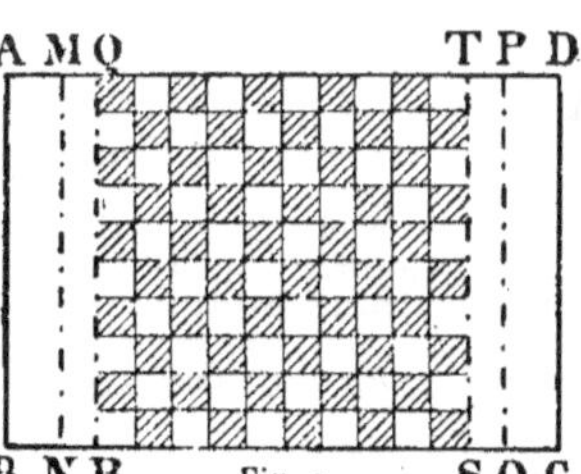

Fig. *c*.

4° Je replie les faces de ces 2 figures; je fais coïncider les arêtes à l'aide de bandelettes, en suivant les indications des figures *a* et *d*.

Le damier doit pouvoir se placer dans l'intérieur de la boîte et il reste de chaque côté 2 cases fermées par un couvercle FJIE, GLKH. On pourra y loger les pions figurés par de petits carrés de 0m,010 de côté, dont on pourra au besoin abattre les angles.

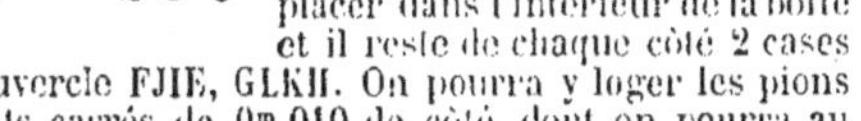

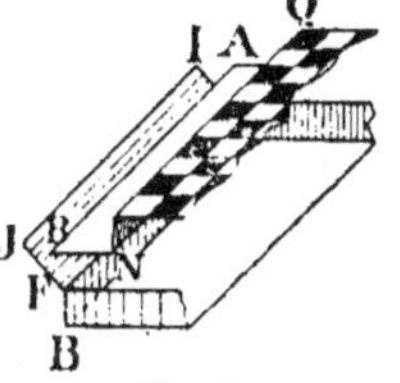

Fig. *d*.

Leçons 35-36. — **Filles.** — Couture. — **Piqûre. Étude du point sur étoffe simple.** — *Point de piqûre.* Piquer l'aiguille en dirigeant la pointe au-dessus de l'étoffe en ligne droite et horizontale, repiquer l'aiguille à deux ou trois fils en arrière et la faire ressortir cinq ou six fils plus loin vers la gauche. Repiquer l'aiguille vers la droite à l'extrémité du dernier point et continuer ainsi jusqu'au bout de la pièce. Ce point se fait de droite à gauche; il peut servir d'ornement.

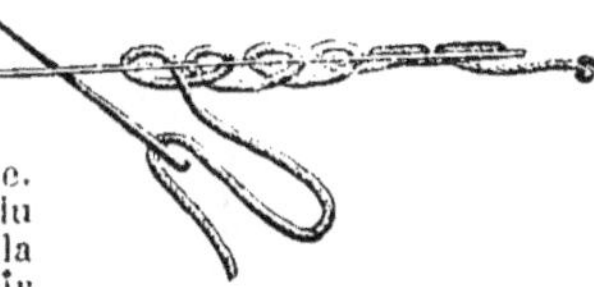

TROISIÈME SEMAINE — LUNDI

MORALE

Leçon 91. — **Devoirs envers nous-mêmes; le corps, la tempérance.** — La tempérance est une des conditions de la santé. Mais on n'entend point par ce mot que la sobriété! Le corps n'est qu'un instrument. Les devoirs qui le concernent sont, au fond, des devoirs envers l'âme et sont subordonnés aux autres. Peut-on dire qu'en manquant aux devoirs qu'on a envers soi-même, on ne fait de tort qu'à soi-même. D'abord, si nous ne respectons pas la dignité humaine en nous-mêmes, comment la respecterions-nous dans les autres? Nous ne pourrions y attacher aucun prix, puisque nous n'en faisons aucun cas. On a beau être libre, l'est-on de se faire du tort? En se faisant tort à soi-même, on fait indirectement tort aux autres, ne serait-ce que par le mauvais exemple qu'on donne.

Résumé. — Les devoirs que nous avons envers nous-mêmes nous lient également envers les autres. Nous ne sommes pas libres de donner de mauvais exemples.

ARITHMÉTIQUE

Leçon 91. **Système métrique.** — Exercices (p. 49, nº 38). **Problèmes sur le mètre.** — **15**. Un marchand de nouveautés paye 13f,75 un coupon de toile d'une longueur de 18 m. pour faire des chemises. A combien revient le mètre? R. 0f,76.

16. Il faut 3 mètres de cette toile pour faire une chemise. Combien coûtera une chemise? R. 2f,28.

17. Un coupon de même longueur, mais de quantité supérieure, vaut 24f,50. De combien le prix du mètre de toile de ce coupon surpasse-t-il le prix du mètre du premier? R. 0f,60.

18. Un marchand achète une pièce de toile de coton de 104m,50 de longueur à 0f,55 le mètre. Il vend 4 coupons de 18 mètres à 13f,25 le coupon et le reste à raison de 0f,70 le mètre. Quel a été son bénéfice? R. 18f,275.

19. La toile pour faire des torchons vaut 0f,40 le mètre. On fait des torchons de 0m,90 de longueur. Quel sera le prix du torchon? — de la douzaine? R. 0f,36 — 4f,32.

GRAMMAIRE

Leçon 91. **Les comparaisons.** — *Cet arbre est* **haut**. — L'adjectif *haut* a son sens naturel : il est au **positif**.

Ces deux arbres sont **aussi hauts** *l'un que l'autre*. — *Aussi hauts* indique une comparaison : l'adjectif est au **comparatif**. Les adverbes **aussi, autant que** indiquent que les choses comparées sont égales : c'est le *comparatif d'égalité*.

Le chêne est **plus haut** *que le bouleau*. — Il y a supériorité du chêne : *plus haut* est un *comparatif de supériorité*.

Le bouleau est **moins haut** *que le chêne*. — *Moins haut* sera un *comparatif d'infériorité*.

Ce chêne est très haut. — *Très haut* marque le degré le plus élevé de la qualité exprimée par l'adjectif. Il est au **superlatif**.

Ce chêne est le **plus haut** *de ceux qui l'entourent*. — *Le plus haut* est bien un *superlatif*, mais un *superlatif* (par comparaison) *relatif*.

Règle. — *Quel que soit le degré de signification, positif, comparatif, superlatif, l'adjectif ne change pas de forme.*

On ne dit pas *plus bon*, mais *meilleur*. Il y a des comparatifs irréguliers.

Positif	Comparatif	Superlatif
Bon	**meilleur**	**le meilleur**
Mauvais	**pire** ou **plus mauvais**	**le pire** ou **le plus mauvais**
Petit	**plus petit** ou **moindre**	**le plus petit** ou **le moindre**

Exercices (p. 55). — *Faire accorder les adjectifs. Mettre au pluriel les phrases qui n'y sont pas.*

328. Ces terres sont plus *grasses* et *meilleures* que celles-ci. Voilà des avoines *plus belles* quoique *plus petites* que celles-là. Quel joli verger! Il y a là des arbres *moins hauts* qui donneront de *meilleurs* fruits. Ce ne sont pas toujours les arbres qui ont *la meilleure* apparence qui donnent *les plus doux* fruits, et ce ne sont pas toujours *les plus tordus* qui donnent *les plus mauvais* fruits.

Les fromages français *les meilleurs* sont ceux de Brie, de Bailleul, du Mont-Dore, de Marolles, de Livarot, de Pont-l'Evêque.

HISTOIRE

Leçon 55. **L'œuvre de l'Assemblée constituante.** — L'Assemblée nationale avait détruit l'ancien régime comme on rase une vieille maison. Elle reconstruisit une société, un gouvernement d'après des principes fondés sur la raison et formulés dans la **Décla-**

ration des droits de l'homme (11 août 1789). Les plus essentiels étaient : 1° Les hommes naissent *libres*. 2° Les droits de l'homme sont : la *liberté*, la *propriété*, la *sûreté*. 3° La *souveraineté* réside dans la *nation*. 4° Les citoyens sont *égaux en droits*. 5° Ils doivent être *libres* dans leurs *croyances*, leurs *opinions*, leur *travail*. 6° Ils doivent s'entr'aider et s'assister. — Ces principes furent appelés les **principes de 1789**, et on les a résumés dans les trois mots : *liberté*, *égalité*, *fraternité*. C'est sur eux que repose la société actuelle.

La France était, avant 1789, divisée en trente-deux provinces, très différentes d'étendue. Ces provinces répondaient en partie aux anciennes divisions féodales. L'Assemblée les effaça toutes. Elle leur substitua une nouvelle division en quatre-vingt-trois parties, appelées **départements**, qu'on tâcha de rendre à peu près égaux. Les départements furent subdivisés en **districts**, les districts en **cantons**, les cantons en **communes**. Ce fut l'uniformité géographique. Il y eut une administration élue pour la *commune*, il y en eut pour le *district*, pour le *département*. Ce fut l'uniformité dans l'administration.

Un **juge de paix** siégea au *canton*, un **tribunal civil** connut des procès au chef-lieu de district et de département, un **tribunal criminel** jugea les crimes au chef-lieu du département. Dans les causes criminelles on adjoignait douze citoyens ou *jurés* : c'était le **jury**, encore aujourd'hui la garantie des accusés. Enfin, à Paris, un seul **tribunal de cassation** veillait à l'exacte application des lois dans toute la France. Il y eut uniformité pour la justice.

RÉSUMÉ. — L'Assemblée constituante formula les principes de la société nouvelle, elle refit les divisions géographiques de la France, créa une administration, une justice uniformes.

SCIENCES NATURELLES

LEÇON 37. **Les animaux à sang chaud et à sang froid; les reptiles.** — Lorsqu'en hiver vous vous glissez dans votre lit, vous le trouvez froid. Mais au bout de quelque temps les draps s'échauffent. C'est votre corps qui les a chauffés. Dans votre corps, par suite de la nourriture que vous prenez, de l'air que vous respirez, il se produit de la chaleur et nous avons une température d'environ 37 degrés. Le corps, du chat, protégé par une épaisse fourrure est très chaud. Les oiseaux sous leur manteau de plumes, et d'ailleurs toujours en mouvement, ont le corps plus chaud encore. Nous les appellerons des **animaux à sang chaud**. Ces animaux comprennent les mammifères et les oiseaux.

Mais dans le *lézard*, le *poisson*, la chaleur est si faible qu'en hiver ils paraissent aussi froids, qu'en été ils paraissent aussi chauds que les corps inanimés, les pierres par exemple. La température de leur corps est variable : on les appelle **animaux à sang froid**.

Examinons un de ces animaux à sang froid, un de ces lézards gris ou verts à peau nue et lisse, si agiles à courir le long des murs, au soleil. Ce n'est ni un mammifère, ni un oiseau. Il a quatre pattes, mais si courtes qu'elles n'empêchent pas son ventre de traîner à terre. Il ne marche pas en rampant. C'est un **reptile**.

Les *tortues* sont aussi des reptiles. La carapace qui les enveloppe et dans laquelle elles peuvent même rentrer leur tête et leurs pattes, est formée par les vertèbres du dos, allongées, élargies, soudées à des plaques dures, résistantes, tandis que la partie inférieure, le plastron est formé par l'os de la poitrine, très aplati. Les tortues n'ont point de dents, mais une sorte de bec comme celui des oiseaux.

Les *crocodiles* vivent dans les fleuves; ils ont, comme les tortues, le dos recouvert de plaques dures, mais plus petites. Leurs mâchoires, très allongées, sont munies de dents fortes et nombreuses.

Enfin les *serpents* sont des reptiles sans membres. Leur squelette se borne aux os de la tête, à une longue file de vertèbres et à des côtes très nombreuses.

RÉSUMÉ. — Les reptiles ou animaux à peau nue et qui rampent, comprennent les *lézards*, les *tortues*, les *crocodiles* et les *serpents*.

LECTURE

BARRAU, Livre de morale pratique, p. 110, *Vie frugale*.

ÉCRITURE

Écriture en moyen. — *Nous devons en nous respecter la dignité humaine.*

TROISIÈME SEMAINE — MARDI

MORALE

LEÇON 92. **Les devoirs envers nous-mêmes; la tempérance.** — La tempérance n'est pas seulement la volonté d'éviter les excès dans la satisfaction des besoins du corps, c'est la *modération* en tout : dans les *désirs*, dans les *actions*, dans les *paroles*.

Si nous ne refrénons pas nos désirs, nous nous laissons entraîner à la passion. Si nous ne nous retenons pas dans nos actions, nos paroles, nous risquons d'être coupables de violences, nous manquons à notre dignité.

Le désordre, la prodigalité, l'avarice, la colère, rentrent dans l'intempérance. Nous devons être modérés, réservés, économes. Ce sont là des devoirs essentiels envers nous-mêmes et qui ont une portée encore plus grande, comme nous l'expliquerons bientôt.

RÉSUMÉ. — La tempérance, prise dans son sens le plus large, c'est la modération en tout.

ARITHMÉTIQUE

LEÇON 92. **Les mesures de surface.** — Un plancher, un plafond est *long* et *large*. — Il a *deux* dimensions.

Or il est long sur *deux* côtés, large également sur *deux* côtés. — Il a deux dimensions, mais **quatre** côtés.

L'ensemble forme la **surface.**

Si le plancher était aussi large que long, ses *quatre* côtés seraient égaux. Dans ce cas il formerait une figure très régulière, un **carré.**

Si un *carré* a un mètre de chaque côté, c'est un **mètre carré.** — C'est l'unité adoptée pour mesurer les surfaces.

Les multiples du mètre carré. — On compte les mètres carrés comme les mètres ordinaires. Mais il en est autrement de leurs **multiples.**

Dix mètres carrés ne font pas un **décamètre carré.**

Dix mètres carrés font une bande longue qui ne sera plus carrée. J'ai bien en effet 10 mètres sur **deux** côtés. Mais sur les *deux* autres côtés je n'ai plus que **1** mètre.

Pour obtenir une figure régulière et *carrée*, il faut 10 bandes semblables ou 10 fois 10, c'est-à-dire 100 mètres carrés.

Cent décamètres carrés feront **1 hectomètre** carré ou cent fois cent, c'est-à-dire 10 000 mètres carrés.

Cent hectomètres carrés font **1** *kilomètre carré* ou cent fois 10 000, c'est-à-dire *un million* de mètres carrés.

Un kilomètre carré vaut un million de mètres carrés ou **100** hectomètres carrés. C'est une surface considérable.

RÉSUMÉ. — Le *mètre carré* est un carré qui a 1 mètre sur chaque côté.

Les multiples du mètre carré sont de *cent* en *cent* fois plus grands. Un *décimètre carré* vaut *cent* mètres carrés. Un *hectomètre carré* vaut *mille* mètres carrés.

EXERCICES. — Combien de mètres carrés vaut un carré de :

2^{m} de côté = 4mq	5^{m} de côté = 25mq	8^{m} de côté = 64mq
3^{m} — = 9mq	6^{m} — = 36mq	9^{m} — = 81mq
4^{m} — = 16mq	7^{m} — = 49mq	10^{m} — = 100mq

Système métrique. — EXERCICES (p. 49, n° 38). **Problèmes sur le mètre.** — **20.** Le mètre de guipure pour faire des rideaux coûte $0^{f},75$. Il faut $2^{m},65$ d'étoffe pour faire un rideau; combien coûtera la guipure nécessaire pour deux paires de rideaux? R. $7^{f},95$.

21. On achète pour faire une robe $9^{m},80$ d'étoffe de soie à $5^{f},65$ le mètre. Quel sera le prix de l'étoffe? R. $55^{f},37$. — On achète comme doublure du satin à $1^{f},45$ le mètre. Quel est le prix? $14^{f},21$.

22. Un coupon de velours de $0^{m},75$ de longueur coûte $5^{f},70$. Quel est le prix du mètre de ce velours? R. $7^{f},60$.

23. On veut garnir une robe avec de la dentelle à $1^{f},65$ le mètre. Quel sera le prix de la garniture si l'on doit en employer $3^{m},60$? R. $5^{f},95$.

24. Quel est le prix de $0^{m},90$ de ruban de soie si la pièce de 10 mètres coûte $1^{f},95$? R. $0^{f},175$.

25. Combien de ruban de soie aura-t-on pour $0^{f},75$ la pièce de 20 mètres coûtant 6 fr. R. $2^{m},50$.

GRAMMAIRE

LEÇON 92. **Les comparaisons** (DICTÉE, p. 55). — *Faire accorder les adjectifs et mettre* **le plus** *ou* **la plus** *à la place des tirets.*

329. Lettre de Mme de Sévigné (au sujet d'un mariage d'une princesse royale). « Je m'en vais vous mander la chose *la plus étonnante, la plus surprenante, la plus merveilleuse, la plus miraculeuse, la plus triomphante, la plus étourdissante, la plus inouïe,* *la plus singulière, la plus extraordinaire, la plus incroyable, la plus imprévue, la plus grande, la plus petite, la plus rare, la plus commune, la plus éclatante, la plus secrète,* jusqu'aujourd'hui, *la plus brillante, la plus digne* d'envie : enfin, une chose dont on ne trouve qu'un exemple dans les siècles passés, encore cet exemple n'est-il pas juste ; une chose que l'on ne peut pas croire à Paris, comment la pourrait-on croire à Lyon ? une chose qui fait crier miséricorde à tout le monde ; une chose qui se fera dimanche et qui ne sera peut-être pas faite lundi.... » En effet, cette union *princière* ne se fit point.

GÉOGRAPHIE

Leçon 38. **Les eaux; le fleuve le Rhône.** — Quoique français dans la plus grande partie de son cours, le Rhône vient de la Suisse. Il sort des glaciers du mont Furca, dans le massif du Saint-Gothard. Ce n'est d'abord qu'un torrent qui se fraye avec fracas un passage à travers les rochers. Il arrive à l'abîme du lac de Genève, où il se perd dans une immense nappe d'eau. Le Rhône s'échappe clair et limpide sous les ponts de Genève, mais presque aussitôt les torrents des Alpes viennent le troubler et donner à ses eaux la couleur jaune qu'il conserve ensuite. Sa force impétueuse a réussi à couper un chaînon du Jura et, par une gorge que surmonte le fort de l'*Ecluse*, il entre en France, se dirige vers l'ouest, reçoit l'*Ain* et semble vouloir marcher vers l'Océan. Mais il rencontre les hauteurs du Lyonnais, prolongement des Cévennes. La route est barrée. A *Lyon*, il tourne au sud, reçoit la *Saône* et continue dès lors la ligne droite qu'a tracée cette rivière. Resserré entre les Cévennes et les contreforts des Alpes, le Rhône reste rapide, torrentueux. Il passe à *Vienne, Viviers, Avignon*. A *Beaucaire* la vallée s'élargit, le Rhône s'étale. A *Arles* il se divise en plusieurs branches, le *Petit Rhône*, le *Grand Rhône*, qui enferment le delta de la *Camargue*, vaste amas de terres apportées par le fleuve et recouvertes d'une riche végétation, mais aussi remplies de marécages.

Cette quantité de limon roulée par le Rhône obstrue ses bouches et il a fallu ouvrir des canaux pour faciliter aux navires l'accès de la mer par un fleuve qui semblait devoir les y porter avec la rapidité d'une flèche.

Le Rhône reçoit en France, sur la rive gauche, l'*Arve*, l'*Isère* aux eaux abondantes, la *Drôme*, la *Sorgue* qui s'échappe de la fontaine de *Vaucluse*, la *Durance*.

Sur la rive droite, le Rhône reçoit l'*Ain*, la longue rivière la *Saône*, puis de petites rivières : l'*Ardèche*, le *Gard*.

Dans la Méditerranée, outre le Rhône, se jettent aussi d'autres fleuves moindres : l'*Aude*, l'*Hérault* et le *Var*.

Résumé. — Le *Rhône* vient de la Suisse, entre en France au fort de l'Écluse, passe à Lyon et se dirige droit au sud vers la mer, où il se jette par des bouches ensablées.

LECTURE

Barrau, Le Livre de morale pratique, p. 85, *Cincinnatus* ; p. 93, *L'enfant content de son sort.*

ÉCRITURE

Leçon : lettre **h.** — Il faut apprendre à faire le jambage supérieur d'où dérivent les lettres *h*, *k*, *l* et *b*. Faites d'abord le jambage sans plein. Nous commencerons le *délié* sur la ligne inférieure ; arrivé à la ligne supérieure, nous obliquons un peu à droite, en arrondissant de manière à faire le jambage descendant dans la pente ; ce jambage croise l'autre sur la ligne supérieure et non au-dessous. Pour faire le *jambage plein*, on commence le plein en descendant alors qu'on est bien dans la pente. On appuie peu à peu de manière que le plein atteigne sa plus grande épaisseur vers la ligne inférieure. On continue d'appuyer jusqu'à la ligne inférieure, où on termine en carré. Ajoutons à ce jambage le dernier jambage de l'*n* et nous obtiendrons la lettre *h*.

9 m/m

6 m/m l l l l h haie

TROISIÈME SEMAINE — MERCREDI

MORALE

Leçon 95. **Les devoirs envers nous-mêmes. La morale de l'intérêt.** — En somme, comme vous avez pu le remarquer, les devoirs envers nous-mêmes comprennent la plupart des devoirs. Et ce n'est pas là un des moindres avantages d'obéir aux lois naturelles et aux lois morales que de faire notre propre bonheur. Non pas qu'il faille se guider sur ce motif, car ce serait alors la *morale de l'intérêt*, ce serait l'égoïsme. Mais s'il ne faut pas se régler ainsi sur l'intérêt, ce n'est pas une considération, cependant, qu'on doive négliger. Il n'est pas défendu de songer à son propre intérêt. Ce ne sont pas à des raisons très nobles, mais au moins se trouvent-elles à la portée de tous. Nous sommes donc les premiers intéressés à suivre les prescriptions de l'hygiène, à soigner, à exercer notre corps, à demeurer sobres dans le boire et dans le manger, à pratiquer la vraie tempérance, c'est-à-dire celle qui règle tous les désirs et toutes les actions.

Résumé. — Accomplir les devoirs envers nous-mêmes parce qu'ils nous sont profitable, c'est ce qu'on appelle la morale de l'intérêt.

ARITHMÉTIQUE

Leçon 95. **Comment on écrit et on lit les nombres de surface.** — Puisqu'un *décamètre carré* vaut *cent* mètres carrés, un décamètre carré, plus deux mètres carrés, valent **cent** *deux* mètres carrés.

Je les écris 102 mètres carrés ou, en abrégeant : 102^{mq}.

Dans un nombre exprimant les surfaces, il faut deux chiffres pour exprimer chaque multiple; 2 hectomètres carrés s'écriront 2000^{mq}.

On complète par des zéros les chiffres qui manquent.

Chaque unité étant écrite au moyen de *deux* chiffres, on lira le nombre 1543^{mq} en le décomposant par groupes de deux chiffres : **15** décam. carrés **43** m. carrés.

Remarque. — Dans les travaux du bâtiment, quand on évalue le travail seulement d'après une dimension, l'ouvrage est estimé au **mètre linéaire** ou *mètre courant*.

Si l'on évalue le travail d'après *deux dimensions*, il est estimé au **mètre carré**, dit alors **mètre superficiel**.

Exercices. — *Écrire en prenant le* **mètre carré** *pour unité les nombres suivants, puis les additionner :*

25^{Kmq}	25 000 000^{mq}
16^{Hmq}	160 000^{mq}
45^{Dmq}	4 500^{mq}
603^{mq}	603^{mq}
	25 165 103

Écrire les mêmes nombres en prenant le **décamètre carré** *pour unité :*

250 000^{Dmq}	
1 600	
45	
6	03
251 651^{Dmq},03	

GRAMMAIRE

Leçon 95. **Accord des adjectifs.** — *Contrée et site charm***ants***!* — Si un adjectif se rapporte à deux noms, l'un *masculin*, l'autre *féminin*, l'adjectif se met au **pluriel** d'abord et prend le genre **masculin**. Le nom masculin doit, dans ce cas, être exprimé le dernier.

*Quelle vue, quel site char***mant***!* — Si les deux noms sont presque synonymes, on peut ne faire accorder l'adjectif qu'avec le dernier : *charmant* restera ici au singulier.

*Que faut-il vanter le plus, ces collines ou ce vallon verdoy***ant** *?* — Si les deux noms sont séparés par la conjonction **ou** (qui marque exclusion), l'adjectif ne s'accorde qu'avec le nom qu'il accompagne.

Exercices (p. 56). **La campagne.** — *Indiquer et réunir les noms qui peuvent être pris comme* **synonymes** :

330. Pays, *contrée*; — paysage, *site*; — coteau, *colline*, *pente*; — vallée, *vallon*, *ravin*.

331. Guéret, *plaine*; — haie, *clôture*, *lice*, lande, *pâtis*.

Réunir deux par deux ces noms en ajoutant un des adjectifs suivants.

Modèle : *Ce pays et ce paysage sont jolis.*

332. joli	gras	verdoyant	**333.** aride	fangeux
agréable	charmant	nu	rocailleux	épineux
fleuri	ondulé	montueux	pittoresque	abrupt

Ce pays et ce paysage sont jolis; cette contrée et ce site sont agréables; ce terroir et cette plaine sont charmants; ce coteau et cette colline sont verdoyants; cette vallée et ce vallon sont fleuris; ce ravin et cette pente sont pittoresques; cette roche et ce sommet sont nus et abrupts; cette jachère et ce pâtis sont gras; ce marécage et cette lande sont stériles; cette haie et ce buisson sont épineux; cette lice et cette clôture sont épineuses.

TROISIÈME SEMAINE — MERCREDI

HISTOIRE

Leçon 56. **L'œuvre de l'Assemblée constituante.** — Avec l'unité, l'Assemblée constituante établit l'**égalité** : 1° Dans la famille, en supprimant le droit **d'aînesse**. Elle prescrivit l'équitable partage des héritages entre tous les enfants. 2° Dans la société en supprimant la noblesse et les privilèges. 3° Dans l'Etat, en rendant les lois *obligatoires pour tous*, les *tribunaux communs à tous*, l'*impôt commun à tous*, les *grades*, les *fonctions publiques accessibles à tous*.

Les naissances, les mariages, les décès devaient être inscrits sur un *registre de la commune*, sans distinction de pauvres, de riches, de nobles, de catholiques ou de protestants : c'est ce qu'on appelle encore les **actes de l'état civil**.

Les citoyens ne devaient pas être inquiétés pour leurs écrits, c'était la **liberté de la presse**; ni pour leurs croyances, c'était la **liberté des cultes**. Ils choisissaient eux-mêmes, par l'**élection**, leurs magistrats de tout ordre. Ils jouissaient ainsi de la plus absolue **liberté politique**.

L'Assemblée avait affranchi les campagnes des *servitudes féodales*. Elle abolit les corporations et proclama la **liberté de l'industrie**. Elle supprima les *douanes intérieures* de province à province et établit la **liberté du commerce**.

L'Assemblée avait supprimé tous les anciens impôts onéreux, vexatoires. Elle les simplifia en les remplaçant par l'**impôt foncier** (sur les terres et les maisons). Mais il fallait combler le *déficit* et créer des ressources. Alors elle décida que les *biens du clergé* retourneraient à la nation et deviendraient **biens nationaux**. En retour, l'Etat s'engageait à servir un *traitement* aux ministres du culte. Comme on ne pouvait vendre à la fois des centaines de millions de biens, on les représenta par des billets ou **assignats** (papier-monnaie).

Dans son zèle d'établir en tout l'uniformité, l'Assemblée assimila le clergé aux fonctionnaires : elle décida que les *évêques* seraient *élus*. La plus grande partie du clergé refusa d'accepter ces décrets dits **constitution civile du clergé** : il devint dès lors hostile à la Révolution : nouvelle cause de troubles.

Quelles que soient les fautes reprochées à l'Assemblée constituante, c'est elle qui a composé l'**unité française**.

Résumé. — L'Assemblée nationale établit la *liberté* et l'*égalité* des citoyens, la *liberté du travail*, du *commerce* et formula les règles de la **société moderne**.

SCIENCES NATURELLES

Leçon 38. **Les serpents.** — Lorsque vous verrez des serpents manger (ils sont carnivores), vous serez très étonnés, car ils avalent des animaux beaucoup plus gros qu'eux ; c'est que leur mâchoire inférieure est formée de deux os bien distincts qui ne sont pas réunis en avant, de sorte que, en s'écartant, la bouche devient beaucoup plus grande qu'elle ne paraît à l'ordinaire; c'est ainsi que les couleuvres engloutissent des rats! Ce qui facilite encore leur tâche, c'est que les dents, qui sont très nombreuses, sont recourbées en arrière, et servent ainsi à retenir la proie qui, une fois entrée dans la bouche, ne peut plus reculer.

Chez certains serpents, comme la *vipère*, qu'on rencontre fréquemment en France, on observe deux dents longues, pointues et mobiles, sur le devant de la bouche, à la partie supérieure et au milieu : ce sont les *crochets à venin*. En effet, quand l'animal mord sa proie, un liquide sort d'une petite poche placée au-dessus du crochet, passe à travers la dent creusée et s'infiltre dans la plaie.

Un des serpents les plus venimeux est le *crotale* ou *serpent à sonnettes*, dans l'Amérique du Nord; son venin est capable de faire mourir un homme ou un cheval.

Quelques serpents acquièrent une très grande taille : le *boa*, qui n'est pas venimeux, a jusqu'à cinq mètres de longueur ; le *python*, en Afrique, mesure jusqu'à huit mètres.

Résumé. — Les serpents sont des reptiles sans membres et carnivores; quelques-uns ont des dents spéciales, appelées *crochets à venin*, avec lesquelles ils font périr leur proie.

LECTURE

Mme Seignobos, Le Livre des petits ménages, p. 85, *Le lait, le beurre.*

ÉCRITURE

Écriture en gros. — *Hasard, hirondelle, hypothèse.*

TROISIÈME SEMAINE — VENDREDI

MORALE

LEÇON 94. **Devoirs envers nous-mêmes ; la morale de l'intérêt.** — Pouvons-nous confondre la morale avec l'intérêt ? Non, car l'intérêt est variable, il change avec les personnes. Le bonheur n'apparaît pas à tous sous les mêmes formes. Les plaisirs dépendent des goûts de chacun. Les goûts même varient pour chacun avec les âges. « Un prince, dit Pascal, un homme de guerre, un marchand, un bourgeois, un paysan, les vieux, les jeunes, les sains, les malades, tous varient ; les moindres accidents les changent. » L'utile donc ne saurait, non plus que l'agréable, donner à tous la même règle de conduite. Même chaque personne ne pourrait y trouver une règle fixe. Ce n'est pas non plus une règle bien claire. La morale de l'intérêt, si l'on s'y attache exclusivement, est dangereuse, car, les intérêts étant différents, on en viendrait à la lutte. Nous chercherons des principes plus certains, plus hauts, plus sûrs.

RÉSUMÉ. — La morale de l'intérêt ou de l'utilité est variable, dangereuse.

ARITHMÉTIQUE — GÉOMÉTRIE

LEÇON 94. **Divisions de la circonférence. Le rapporteur. Mesure des angles.** — Menons dans une circonférence deux diamètres perpendiculaires ; ils la diviseront en 4 arcs égaux ; chacun est un quart de la circonférence, on lui donne le nom de *quadrant* ; ces deux diamètres forment 4 angles droits, égaux entre eux.

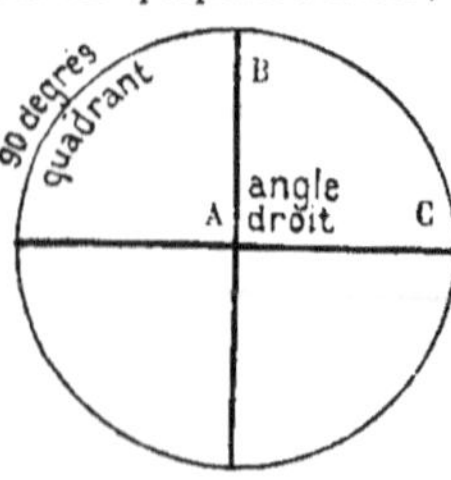

Fig. 1.

On divise le quadrant d'une circonférence en 90 parties égales appelées *degrés* (fig. 1). Ces degrés peuvent être plus ou moins grands suivant l'arc, mais un angle (soit l'angle ABC) est toujours mesuré par un arc de 90 degrés. On dit qu'un angle droit vaut 90 degrés. Le degré sera l'*unité de mesure des angles* ; un angle *aigu* aura moins de 90 degrés. Un angle *obtus* aura plus.

Pour mesurer un angle on se sert d'un *rapporteur* (fig. 2), c'est-à-dire que sur une demi-circonférence on porte 180 divisions

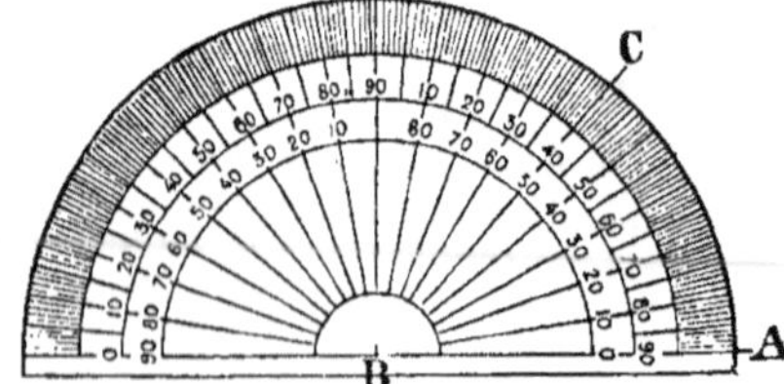

Fig. 2.

égales entre elles. Pour mesurer un angle ABC, on place le centre du rapporteur au sommet de l'angle B, le diamètre du rapporteur sur le côté de l'angle BA, et la division 40 par laquelle passe l'autre côté BC de l'angle indique le nombre de degrés de cet angle.

RÉSUMÉ. — Le quart d'une circonférence s'appelle *quadrant* ; on le divise en 90 degrés.

GRAMMAIRE

LEÇON 94. DICTÉE (p. 56). *Faire accorder les adjectifs ; changer, s'il y a lieu, la place des noms.*

334. Aspect des régions françaises. — Le Morvan est renommé pour ses *sites* et ses paysages (*pittoresques*). L'Auvergne et le Dauphiné sont plus (*grandioses*) et plus (*montagneux*) sans parler des Pyrénées (*superbes*), du Limousin et du Périgord, aux *campagnes* et au *sol* si *accidentés*, ni de l'Anjou et du Maine aux *collines* et aux *vallons* si (*riants*), ni de la Bretagne aux *plateaux* et aux *landes* (*rocheux*), (*encadrés*) dans des côtes (*verdoyantes*). Les causses ou plateaux (*nus*) du Rouergue, du Quercy ont un *caractère*, une *physionomie* (*sauvage*).

335. La *vallée* et les *bords* de la Garonne sont (*renommés*) par leur fertilité, mais les *vallées* et les *bords* de la Loire sont plus (*fameux*) encore par leurs *villas* et leurs *châteaux* (*élégants*). En Normandie, les domaines ou les prairies sont *séparés* par une *lice* ou une *haie vive*.

Dans la Beauce, après la moisson, on voit sur des *espaces*, des *étendues* (*infinies*), des *guérets* ou des *plaines* entièrement (*nues*).

336. Dans la Flandre, les blés, les colzas, les prairies se succèdent avec une *continuité*, une *régularité* (*monotone*). Sauf quelques *clochers* ou quelques *tours* (*grises*) (*délabrées*), sauf un paysan, par-ci par-là *glaneur* ou *bûcheron* (*occupé*) à son travail, il n'y a (*nulle*) diversité ou variété.

Mais que l'*herbe* et la *campagne* sont (*verts*), (*gras*), (*riches*) ! que la couche de terre (*labourable*) est *profonde* ! Au bord des *canaux* ou

TROISIÈME SEMAINE — VENDREDI

des *rivières* (*nombreuses*) poussent des *roseaux* ou des *plantes* (*longues*), (*fleuries*). Beaucoup d'autres *contrées* et *pays* de la France sont *beaux* encore.

337. *Indiquer dans la dictée 334-336 quels sont les mots dérivés de noms ou d'adjectifs.*

renommé	de renom	accidenté	de accident	villa	de ville	diversité	de divers
français	de France	vallon	de val	continuité	de continu	variété	de varié
paysages	de pays	plateau	de plat	clocher	de cloche	labourable	de labour
grandiose	de grand	rocheux	de roc	paysan	de pays	nombreux	de nombre
montagneux	de montagne	encadré	de cadre	bûcheron	de bûche	plante	de plant
campagne	de champ	verdoyant	de vert				

GÉOGRAPHIE

LEÇON 39. **Bassin de la Garonne.** — Le bassin de la Garonne, qui présente la forme d'un rectangle, est encadré, au nord, par les montagnes du *Limousin* et les hauts sommets de l'*Auvergne*; les monts de la *Margeride* et les *Cévennes* le ferment à l'est. Au sud il est dessiné par la chaîne des Pyrénées.

La *Garonne*, a sa source en Espagne, dans le val d'Aran, mais elle entre presque tout de suite en France. Elle passe à *Muret*, *Toulouse*, à *Agen*, *Marmande*, *la Réole*. Elle forme un port magnifique à *Bordeaux*, puis, quand elle a reçu au *Bec d'Ambez* la *Dordogne*, elle prend le nom de *Gironde*. Ce n'est plus un fleuve, c'est un bras de mer, large parfois de 15 kilomètres, qui finit entre Royan et la pointe de Grave.

Les affluents de la Garonne sont, à droite, l'*Ariège* qui arrose *Foix*, le *Tarn* qui passe à *Albi* et à *Montauban*; le Tarn, qui coule dans des gorges pittoresques, est grossi de l'*Aveyron*. Puis vient la rivière de *Lot* qui passe à *Mende* et à *Cahors*, et enfin la longue *Dordogne*, grossie de la Corrèze. Sur la gauche, la Garonne, qui forme en général avec les Pyrénées un angle assez étroit, ne reçoit que peu d'affluents dignes d'être nommés : la *Neste*, la *Save*, le *Gers*, la *Baïse*. Pour construire la carte du bassin de la Garonne on tracera un trapèze symétrique ABCD, AB parallèle à CD. Les côtés DC AB sont égaux. AB égale une fois et demie AD. Du point A on tracera une horizontale AE, du point B on tracera une verticale BE pour obtenir un triangle rectangle AEB adjacent au trapèze.

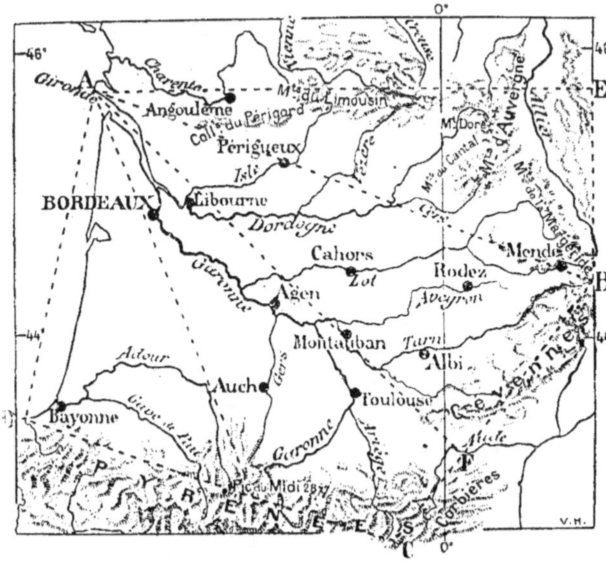

RÉSUMÉ. — La Garonne vient d'Espagne, passe à *Toulouse*, à *Bordeaux* et forme un véritable bras de mer, la *Gironde*.

LECTURE

BARRAU, Le Livre de morale pratique, p. 28, *Le cardinal d'Amboise*.

ÉCRITURE

Écriture en gros. — *Considérons l'honnête plutôt que l'utile.*

TROISIÈME SEMAINE — SAMEDI

MORALE

Leçon 95. **Revision.** Questions. — En quoi l'homme est-il semblable aux animaux? Par son corps. — En quoi leur est-il supérieur? Par son intelligence. — Qu'est-ce qui fait sa dignité? C'est de ressembler le moins possible aux animaux et de n'avoir pas leur manière de vivre. — Quels sont donc nos devoirs envers le corps? La propreté, la tenue, l'hygiène. — Qu'entendez-vous surtout par l'hygiène? L'exercice, la gymnastique, la tempérance. — En quoi surtout faut-il observer la tempérance? Dans le boire et dans le manger. — Puisque nous devons ainsi conserver notre corps, nous n'avons donc pas le droit de le détruire? Non, le suicide est une folie, et l'intempérance est une sorte de suicide. — Quel est le sens élevé du mot tempérance? Ce mot s'applique aussi aux désirs de l'âme. Il faut que nos désirs soient modérés. — Que comprennent donc les devoirs envers nous-mêmes? Presque tous les devoirs, et ce sera faire notre propre bonheur d'obéir aux lois naturelles et morales. — Mais est-ce le motif qui doit nous guider? Non; le motif de l'intérêt, si légitime qu'il soit, n'est pas assez noble.

ARITHMÉTIQUE

Leçon 95. **Sous-multiples du mètre carré.** — Sur un carré de *un mètre*, prenons maintenant un carré de 1 *décimètre* de côté. — C'est *un décimètre carré*: j'en ai 10 le long d'un côté, et il me reste encore une vaste surface. Je puis inscrire, dans le mètre carré, dix bandes de 10 décimètres carrés semblables à celle-ci. — J'ai donc dans *un mètre carré dix* fois 10 décimètres carrés, ou **cent décimètres carrés.**

Un décimètre carré se divise de même, non pas en dix centimètres carrés, mais en **cent** centimètres carrés. Et comme le décimètre carré est déjà la centième partie du mètre carré, le centimètre carré est la centième partie de cette centième partie du mètre carré.

On écrira les sous-multiples, comme les multiples, avec 2 chiffres. Un mètre carré deux décimètres carrés s'écrit : 1^{mq},02.

Cinq mètres carrés soixante-quinze décimètres carrés s'écrivent : 5^{mq},75^{dmq}.

Soit maintenant à écrire le même nombre en prenant le *décimètre carré* comme unité. S'il s'agissait de décimètres ordinaires, on dirait 57$^{décim.}$,5. Dès qu'il s'agit de décimètres carrés, on doit avancer la virgule non d'un rang, mais de deux rangs, et ici elle disparaît. On écrit donc 575^{dmq}.

De même, s'il s'agit de *lire* des nombres de sous-multiples carrés, il faut les décomposer par groupes de deux chiffres : soit 1^{mq},0257. Je lirai 1^{mq}2 décim. carrés 57 centim. carrés.

Exercice. — Dessiner un centimètre carré et le partager en 100 millimètres carrés.

Résumé. — *Le décimètre carré est non pas la dixième*, mais *la* **centième** *partie du mètre carré. — Un centimètre carré est la* **dix-millième** *partie du mètre carré. — Un millimètre carré est* **un centième** *du centimètre carré et* **un millionième** *du mètre carré. — Les sous-multiples du mètre carré sont de cent fois en cent fois plus petits.*

Exercices (p. 53, n° 42). — *Écrivez en chiffres en prenant le mètre carré comme unité :*

A. 3 mèt. carrés, 56 décim. c.	3^{mq},56
2 mèt. carrés, 2575 centim. c.	2^{mq},2575
18 mèt. carrés, 625 centim. c.	18^{mq},0625
8 décam. carrés, 6525 millim. c.	800^{mq},006525
5 décim. carrés, 6 centim. c.	0^{mq},0506
16 centim. carrés, 3 milim. c.	0^{mq},01603

Écrivez en chiffres en prenant le décamètre carré comme unité :

B. 615 mètres carrés.	6^{Dmq},15
8 kilom. carrés, 13 décam. c.	80013^{Dmq}
93 hectom. carrés, 57 mèt. c.	9300^{Dmq},57
6 décam. carrés, 3 décim. c.	6^{Dmq},0003
8 hectom. carrés, 90 mèt. c.	800^{Dmq},90
18 hectom. carrés, 6 décam. c.	1806^{Dmq}

GRAMMAIRE

Leçon 95. — **Cas particuliers : nu, demi, feu, excepté.** — *Restez* **nu**-*tête devant vos supérieurs.* — *Nu* demeure **invariable** quand il précède le nom.

Abordez vos supérieurs tête **nue.** — **Nu** est **variable** quand il suit le nom. C'est aussi le cas de **demi, feu, excepté** : Une *demi*-heure, une heure et *demie* ; *Feu* ma tante, ma *feue* tante ; *Excepté* quatre hommes, quatre hommes *exceptés.*

*Faites le plus d'aumônes possi***ble.** — C'est-à-dire faites *des aumônes le plus possible.* L'adjectif *possible* fait partie de la locution adverbiale *le plus.*

Règle. — *Avec les locutions adverbiales* **le plus, le mieux, le moins,** *l'adjectif* **possible** *est toujours* **invariable.**

*Faites toutes les aumônes possi***bles.** — Dans tous les autres cas, l'adjectif **possible** est **variable.**

TROISIÈME SEMAINE — SAMEDI

Vous trouverez un portrait dans la lettre ci-jointe. — Quand l'adjectif composé **ci-joint** qualifie un **nom** précédé de l'**article**, il est **invariable**.

Vous trouverez ci-joint copie de la lettre que j'ai reçue. — Lorsque le nom n'est pas *précédé de l'article*, **ci-joint** reste **invariable**; à plus forte raison quand cet adjectif est en tête d'une phrase. Il en est de même de **ci-inclus**.

EXERCICES (p. 57). — *Faire accorder ou non les adjectifs. Mettre au pluriel le n° 345 :*

344. Le moissonneur ne pourrait, sans danger, travailler (*nu-tête*), mais il est à son aise (*nu-jambes*) et bras (*nus*). Quand il a fait la (*demi-journée*), il se repose.

Donnez à la terre le plus de façons (*possible*) selon les cultures. Laissez le bétail enfermé le moins de jours (*possible*).

L'exposition à (*mi*)-côte est (*la meilleure*) pour la vigne.

345. Le dur hiver que nous avons passé a détruit une partie des arbres fruitiers, ceux du midi (*exceptés*).

Le soleil se lève à quatre heures et (*demie*) en été. On quitte le travail en général une (*demi*)-heure avant la tombée de la nuit.

Vous trouverez (*ci-joint*) la liste des machines de la ferme, moissonneuses, faucheuses, etc.

HISTOIRE

LEÇON 57. **Revision**. QUESTIONS. — Où sont formulés les principes dits de 1789 ? Dans la Déclaration des droits de l'homme. — Quels sont ces principes ? Les hommes sont libres et égaux. Le peuple est souverain. La liberté, la propriété, la sécurité, sont les premiers droits des citoyens. — Comment était divisée la France avant 1789? En 32 provinces. — Quelle division l'Assemblée constituante substitua-t-elle à cette division? La division en 83 départements à peu près égaux. — Comment furent subdivisés les départements? En districts. — Et les districts? En cantons. — Et les cantons? En communes. — Comment l'Assemblée organisa-t-elle l'administration? Il y eut des administrations élues dans les communes, les districts, les départements. — Comment fut organisée la justice? Il y eut un juge de paix au canton, un tribunal civil au chef-lieu du district, un tribunal criminel au chef-lieu du département, un tribunal de cassation à Paris. — Que fut le jury? Douze citoyens adjoints aux juges du tribunal criminel. — Quelles mesures prit l'Assemblée pour combler le déficit dans les finances? Elle décida que les domaines donnés jadis à l'Eglise deviendraient des biens nationaux. — Par quoi furent représentés ces biens? Par du papier-monnaie, les *assignats*. — Qu'entendait-on par la constitution civile du clergé ? Les règlements qui assimilaient les curés aux fonctionnaires et qui décidaient que les citoyens seraient élus. — Quel est l'honneur de l'Assemblée *constituante*? D'avoir établi la liberté et l'égalité des citoyens.

SCIENCES PHYSIQUES

LEÇON 17. **La glace**. — En hiver, lorsque la glace des fleuves fond, les blocs se désagrègent et les glaçons flottent comme des bateaux. Cela prouve que la *glace est plus légère que l'eau*. Et c'est très heureux. Si la glace était plus lourde que l'eau, elle irait au fond, de nouvelle glace se formerait au-dessus jusqu'à ce qu'il ne reste plus d'eau à solidifier. La mort de tous les êtres qui vivent dans l'eau serait la conséquence d'un semblable état de choses. Au contraire les poissons continuent de vivre sous la glace qui les protège contre le froid excessif comme la neige protège la terre.

La glace fond très lentement. Aussi pouvons-nous en été rafraîchir nos boissons avec de la glace. La glace sert à conserver la viande d'animaux tués, et grâce à elle on peut en apporter même d'Amérique. Il existait à l'époque préhistorique un animal, le *mammouth*, plus gros que notre éléphant, mais dont l'espèce a complètement disparu. Or on a retrouvé dans les glaces d'un fleuve de Sibérie le cadavre d'un mammouth si bien conservé que des chiens se jetèrent sur le cadavre et en dévorèrent la chair. La glace avait fait ce miracle.

RÉSUMÉ. — La glace est plus légère que l'eau. Elle conserve les corps qu'elle enveloppe, et empêche la viande de se gâter.

LECTURE

JOST et BRAEUNIG, Lectures pratiques, p. 225, *Le citoyen français*.

ÉCRITURE

Écriture en moyen. — *On gagne toujours à rester honnête homme.*

DESSIN

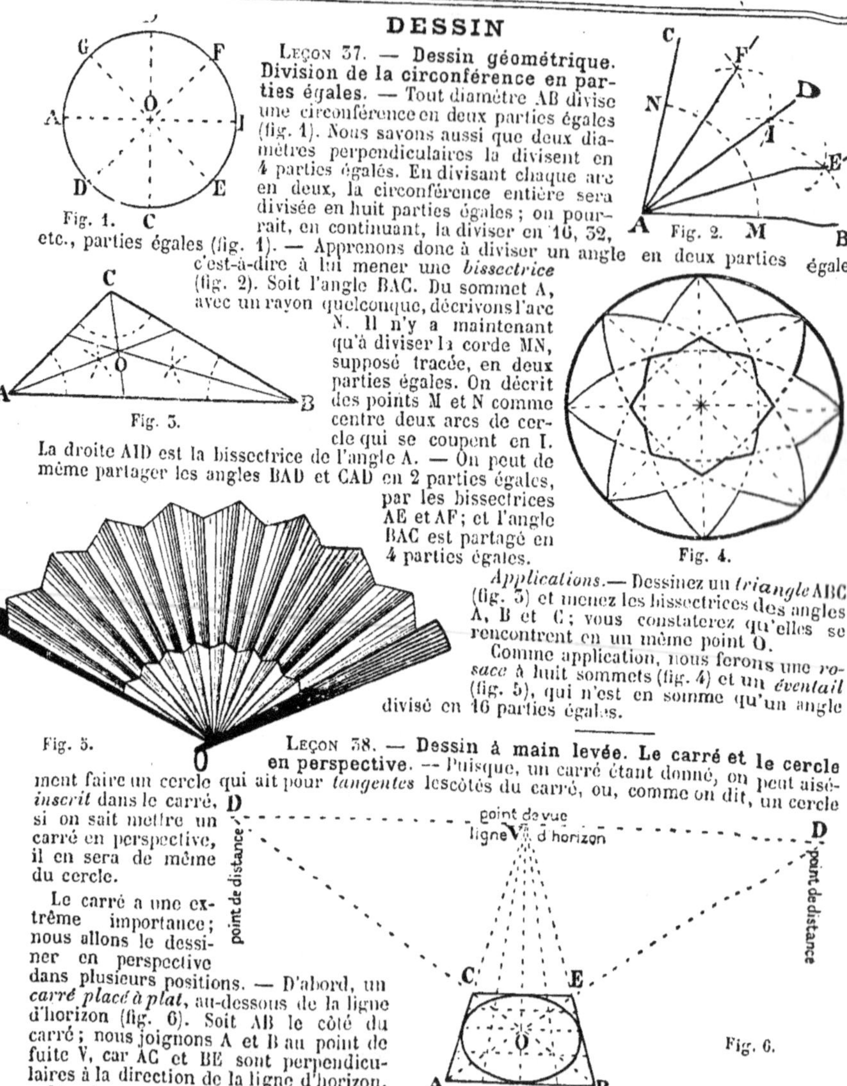

Fig. 1. Fig. 2. Fig. 3. Fig. 4. Fig. 5. Fig. 6.

Leçon 37. — **Dessin géométrique. Division de la circonférence en parties égales.** — Tout diamètre AB divise une circonférence en deux parties égales (fig. 1). Nous savons aussi que deux diamètres perpendiculaires la divisent en 4 parties égales. En divisant chaque arc en deux, la circonférence entière sera divisée en huit parties égales ; on pourrait, en continuant, la diviser en 16, 32, etc., parties égales (fig. 1). — Apprenons donc à diviser un angle en deux parties égales c'est-à-dire à lui mener une *bissectrice* (fig. 2). Soit l'angle BAC. Du sommet A, avec un rayon quelconque, décrivons l'arc MN. Il n'y a maintenant qu'à diviser la corde MN, supposé tracée, en deux parties égales. On décrit des points M et N comme centre deux arcs de cercle qui se coupent en I. La droite AID est la bissectrice de l'angle A. — On peut de même partager les angles BAD et CAD en 2 parties égales, par les bissectrices AE et AF; et l'angle BAC est partagé en 4 parties égales.

Applications.— Dessinez un *triangle* ABC (fig. 3) et menez les bissectrices des angles A, B et C; vous constaterez qu'elles se rencontrent en un même point O.

Comme application, nous ferons une *rosace* à huit sommets (fig. 4) et un *éventail* (fig. 5), qui n'est en somme qu'un angle divisé en 16 parties égales.

Leçon 38. — **Dessin à main levée. Le carré et le cercle en perspective.** — Puisque, un carré étant donné, on peut aisément faire un cercle qui ait pour *tangentes* les côtés du carré, ou, comme on dit, un cercle *inscrit* dans le carré, si on sait mettre un carré en perspective, il en sera de même du cercle.

Le carré a une extrême importance; nous allons le dessiner en perspective dans plusieurs positions. — D'abord, un *carré placé à plat*, au-dessous de la ligne d'horizon (fig. 6). Soit AB le côté du carré; nous joignons A et B au point de fuite V, car AC et BE sont perpendiculaires à la direction de la ligne d'horizon.

De chaque côté du point V, on détermine deux points D appelés *points de distance principaux*, parce que c'est là que se rencontrent, que fuient les lignes qui font avec

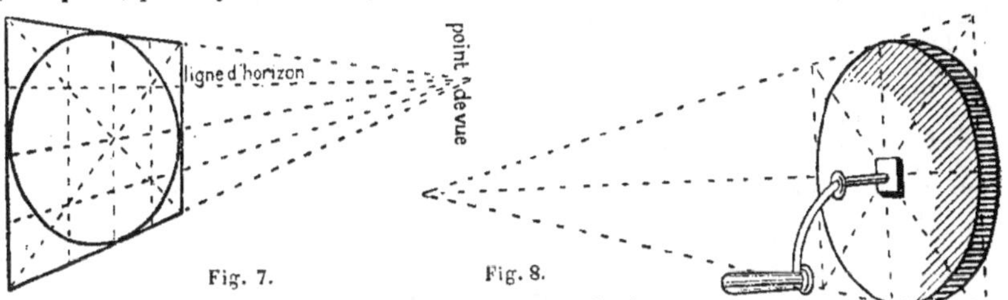

Fig. 7. Fig. 8.

celles que nous avons tracées des angles de 45 degrés, les diagonales des carrés, entre autres. Ils doivent être placés à une distance du point V égale environ à 2 fois celle qui sépare votre œil de l'objet.

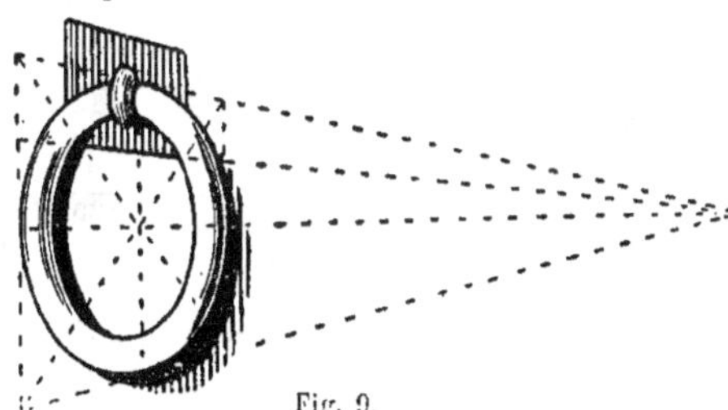

Fig. 9.

On a ainsi le trapèze ACEB, perspective du carré. Si on joint les milieux des côtés perspectifs, rien de plus facile ensuite que d'y tracer un cercle inscrit.

La figure 7 représente un *carré*, avec un *cercle inscrit*, placé verticalement, l'un des côtés étant placé au-dessus de la ligne d'horizon.

Nous pourrons comme application dessiner une *meule à repasser* (fig. 8), un *anneau* scellé dans un mur (fig. 9).

TRAVAIL MANUEL

Leçons 37-38. — **Garçons.** — Cartonnage. — **Cadre de photographie.** — 1° Pour construire ce cadre de photographie (fig. *a*) je dessine un rectangle ABCD de 0m,120 sur 0m,09, et à l'intérieur un second rectangle EFGH de 0m,090 sur 0m,060. Je modifie le contour du rectangle ABCD suivant les indications du dessin.

2° Je découpe deux rectangles de carton de 0m,100 sur 0m,090, puis deux autres de même longueur, mais de 0m,004 seulement de largeur. Je colle un rectangle étroit sur le bord d'un rectangle large.

L'ensemble de ces deux bandes formant un tout solide, je colle chaque rectangle étroit derrière le cadre et plus près du bord extérieur, suivant le **pointillé rond** de la figure. J'obtiens ainsi une sorte de coulisse qui permettra de fixer la photographie derrière le cadre représenté par la figure *a*.

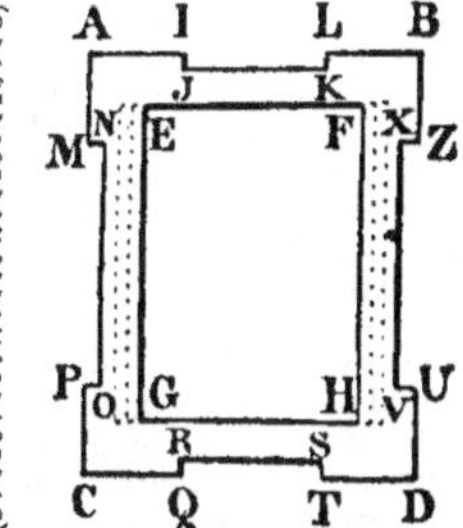

(5×10×10×40×10..×10×5)

Fig. *a*.

Leçons 37-38. — **Filles.** — Couture.

Étude du point de piqûre sur étoffe double. Exécuter le point de piqûre sur un morceau d'étoffe plié en deux ou sur deux étoffes superposées.

Faire une pièce formée de deux morceaux d'étoffe superposés réunis par un surjet et ornés tout autour de plusieurs rangs de piqûre.

QUATRIÈME SEMAINE — LUNDI

MORALE ET INSTRUCTION CIVIQUE

LEÇON 96. **Instruction civique; devoirs des citoyens; la loi; obéissance aux lois.** — Quand je vous parlais de la morale de l'intérêt, je vous disais qu'elle ne doit pas nous guider uniquement dans nos actions. Ainsi, en parlant de la loi sur l'obligation scolaire je vous ai dit qu'il ne faut pas venir à l'école par la raison que vous ne pouvez faire autrement et qu'il y a des sanctions à la loi. Je dirai la même chose au sujet de toutes les lois. Il ne faut pas obéir à une loi quelconque par la crainte de tomber sous son action et d'encourir une pénalité. La *loi civile* ou *politique* est l'expression *de la volonté générale*. Ne pas respecter la loi, c'est ne pas respecter son pays; désobéir à la loi, c'est désobéir à son pays. Vous blâmez l'enfant qui n'observe pas le règlement de l'école. Et pourquoi? Parce que le règlement de l'école découle de la loi, qu'il tient à la loi. Si jeunes que vous soyez, vous voyez bien que vous avez des obligations relatives à l'Etat.

RÉSUMÉ. — Le principal devoir du citoyen, c'est la soumission aux lois.

ARITHMÉTIQUE

LEÇON 96. **Conversion des unités de surface. Addition et soustraction.** — Pour faire toutes les opérations, on a souvent besoin de *convertir* un nombre de mètres carrés en décamètres carrés, ou en hectomètres carrés.

Il ne faut plus ici multiplier ou diviser chaque ordre par *dix*, mais par **cent**, par **dix mille**, par **un million**.

1° Soit à additionner : 5^{mq},07 + 35^{dmq} + 7^{mq} 15^{cmq}.

Il faut placer avec soin les unités de même ordre dans une même colonne. On trouve 12^{mq} 42^{dmq} 15^{cmq}.

```
 5,07
 0,35
 7,0015
12,4215
```

2° Soustraire 18^{Dmq} 25^{mq} de 1^{Hmq} 54^{Dmq}.

On aura

```
154
 18,25
135,75
```

EXERCICES (p. 56, n° 44). — **1.** *Effectuer les soustractions suivantes :*

A.

15^{mq}	—	7^{mq}	=	8^{mq}
213^{mq}	—	47^{mq}	=	166^{mq}
1315^{mq}	—	3^{mq},06	=	1311^{mq},94
8^{mq}	—	0^{mq},92	=	7^{mq},08

B.

2^{mq},6254	—	1^{mq},19	=	1^{mq},4354
43^{mq},25	—	10^{mq},0657	=	33^{mq},1843
8^{mq},42	—	7^{mq},77	=	0^{mq},65
95^{mq},0095	—	17^{mq},19	=	77^{mq},8195

GRAMMAIRE

LEÇON 96. EXERCICES (p. 57). — LA FERME. — *Définir en une phrase les mots suivants :*

338. grange	porcherie	instrument
écurie	vacherie	bêche
étable	cellier	pioche
bergerie	charrette	houe

339. soc	râteau	batteuse
charrue	machine	locomobile
herse	faucheuse	chemin
rouleau	moissonneuse	commune

338. Une grange est un bâtiment de ferme où l'on met le blé et les fourrages. — L'écurie est le logement réservé aux chevaux et aux ânes. — L'étable est le logement réservé aux bœufs. — La bergerie est le logement réservé aux moutons. — La porcherie est l'étable aux porcs. — La vacherie est l'étable aux vaches. — Le cellier est la pièce où l'on place le vin et les autres provisions. — Une charrette est une voiture à deux roues et à deux limons. — Un instrument est un outil quelconque. — Une bêche est une sorte de pelle dont le fer est plat et tranchant. — Une pioche est un outil de culture composé d'un manche et d'un fer dont une extrémité est pointue et l'autre en forme de houe. — Une houe, instrument de culture formé d'un manche de bois et d'une lame fixée au manche par une douille.

339. Le soc d'une charrue est la pièce de la charrue qui ouvre le sillon. — Une charrue est une machine dont on se sert pour labourer. — Une herse est un instrument de culture destiné à ramener la terre sur les semences. — Un rouleau est un gros cylindre de bois qu'on roule sur le sol après avoir hersé. — Un râteau est un instrument muni de dents de fer. — Une machine, c'est tout instrument dont on se sert dans l'industrie. — Une faucheuse est une machine à faucher. — Une moissonneuse est une machine à moissonner. — Une batteuse est une machine à battre le blé. — Une locomobile est une machine à vapeur montée sur roues. — Un chemin, c'est toute voie de communication. — Une commune est l'étendue de pays administrée par un maire.

Joindre à chacun des adjectifs suivants un nom des lexiques 338 et 339 qui lui convienne:

340. aratoire | agraire | agricole | rural | vicinal | fixe

Un instrument aratoire. | Une commune rurale. | Une machine fixe.
Une machine agraire. | Un chemin vicinal. | Un instrument agricole.

QUATRIÈME SEMAINE — LUNDI

Mettre tour à tour devant et après les noms l'adjectif **demi** :

341. Une demi-façon	Une façon et demie.	Une demi-feuillette	Une feuillette et demie.
Un demi-labour	Un labour et demi.	Une demi-tonne	Une tonne et demie.
Une demi-journée	Une journée et demie.	Une demi-longueur	Une longueur et demie.
Une demi-récolte	Une récolte et demie.	Une demi-largeur	Une largeur et demie.
Une demi-mesure	Une mesure et demie.	Une demi-pièce	Une pièce et demie.
Une demi-livre	Une livre et demie.	Une demi-hauteur	Une hauteur et demie.

HISTOIRE

Leçon 58. **L'Assemblée législative.** — D'après la constitution de 1791, le roi devait gouverner avec une *Assemblée législative*. En réalité il lui était soumis et n'avait aucun pouvoir. D'ailleurs la plupart des députés de la nouvelle assemblée ne voulaient déjà plus de la monarchie, qui fut renversée.

En vain Louis XVI, obéissant à l'Assemblée, déclara-t-il la guerre à l'**Autriche** qui soutenait les émigrés. Il ne put calmer les défiances. Au contraire, la guerre les augmenta. La **Prusse** s'était jointe à l'Autriche. Les premiers engagements amenèrent des revers. Les *clubs*, et surtout celui qui se tenait dans un ancien couvent de *Jacobins*, accusèrent le roi d'intelligence avec l'étranger.

Une première fois, Louis XVI se vit assailli dans les Tuileries par une foule en armes, et on le délivra à grand'peine. Ce fut la *journée du* 20 *juin* 1792. Le 10 *août*, les Tuileries furent de nouveau envahies. *Danton, Santerre, Legendre* conduisaient des bandes armées. Les Suisses, les nobles qui essayèrent de défendre le château, furent massacrés. Louis XVI, qui avait en vain ordonné de ne pas engager le combat, se réfugia dans l'Assemblée, qui prononça ensuite sa déchéance. Le roi fut enfermé dans la prison du *Temple* (ancienne forteresse des Templiers). **La monarchie cessa d'exister.**

Avant qu'un gouvernement nouveau pût s'établir, il y eut une période d'anarchie. D'affreux massacres eurent lieu dans les prisons de Paris, où deux mille personnes, nobles, prêtres, femmes de tout rang, qu'on y avait entassées comme *suspectes*, périrent égorgées (3, 4, 5, 6 septembre 1792).

Résumé. — L'Assemblée législative, qui devait gouverner de concert avec Louis XVI, ne dura qu'un an (1791-1792). La monarchie fut renversée le 10 août 1792.

SCIENCES NATURELLES

Leçon 59. **Les grenouilles; métamorphoses.** — Voilà une *grenouille*; c'est un animal à sang froid qui a la peau nue; il semble qu'on doive le ranger dans la classe des reptiles. Il y a pourtant une différence essentielle: de l'œuf d'un lézard il sort un lézard, tandis que de celui d'une grenouille il vient un animal qui ne lui ressemble pas.

Dans les fossés où vivent des grenouilles, nous verrons, aux herbes, des grappes d'une matière visqueuse présentant une multitude de petits points noirâtres : ce sont des œufs de grenouilles. La forte chaleur les fait éclore; il en sort un animal qui nage assez vivement dans l'eau et chez lequel on ne distingue au premier abord qu'une tête et une queue : c'est un *têtard*. Petit à petit on voit des transformations s'opérer; le corps devient de plus en plus grand par rapport à la queue, les pattes poussent, celles de derrière d'abord, et, au bout de six semaines environ, la peau du têtard se fend, et on peut voir alors une grenouille avec une toute petite queue, qui finit par disparaître. *La métamorphose est achevée*. La grenouille vit presque toujours dans l'eau, mais vient respirer à la surface, et périrait si on l'empêchait de venir ainsi respirer l'air extérieur. Le têtard était herbivore, la grenouille est carnivore. Le têtard ressemblait à un poisson, la grenouille ressemble plutôt à un reptile.

Résumé. — Les œufs de grenouilles donnent naissance à des *têtards*, qui, après diverses métamorphoses, deviennent grenouilles.

LECTURE

Jules Simon, Le Livre du petit citoyen, p. 11, *La loi.*

ÉCRITURE

Écriture en gros. — *Honte, honneur, hilarité, hypocrisie.*

MORALE

Leçon 97. — **Instruction civique. Devoirs des citoyens; l'obéissance aux lois.** — Un sage de l'antiquité, Socrate, a enseigné par sa vie et par sa mort le respect des lois. Il n'avait cessé d'expliquer à ses disciples les principes de la justice, de la morale, et de leur prêcher l'obéissance aux lois. Persécuté dans des temps troublés, condamné à mort sur des accusations vagues et imaginaires, il aurait pu facilement s'enfuir de sa prison. Ses disciples lui en assurèrent les moyens. Il refusa. « Les lois m'ont protégé jusqu'ici, dit-il, je leur dois l'instruction que j'ai reçue, je leur dois la vie. C'est librement que je les ai acceptées, car il dépendait de moi de quitter la république si elles me déplaisaient; en restant à Athènes, en y élevant ma famille, je me suis engagé, sinon de parole, du moins de fait, à me soumettre à leur empire. Victime de l'injustice des hommes et non des lois, j'aime mieux mourir que de rendre injustice pour injustice, mal pour mal, plutôt que de me sauver en blessant la patrie; on n'a pas le droit de frapper sa mère pour défendre sa vie. » (*Platon*, Criton.) Cet exemple indique bien jusqu'où doit aller l'obéissance aux lois.

Résumé. — Socrate a poussé jusqu'à l'héroïsme la soumission aux lois.

ARITHMÉTIQUE

Leçon 97. **Mesures de surface. Multiplication.** — Trouver le prix d'une couche de peinture à l'huile de $24^{mq},36$ à $0^{f},42$ le mètre carré.
Le prix est $10^{fr},23$ ....

$$\begin{array}{r} 24,36 \\ 0,42 \\ \hline 4872 \\ 9744 \\ \hline 10.2312 \end{array}$$

Division. — Partager une surface de **1** hectomètre carré **42** décamètres carrés **30** mètres carrés en 5 parties égales. Chaque lot sera de **28** décamètres carrés **46** mètres carrés. $\frac{142^{d},30}{5} = 28^{d}.46$.

Exercices (p. 56, n° 44). — **2.** *Effectuer les multiplications suivantes :*

A.	B.	C.
$15^{m} \times 20^{m} = 300^{mq}$	$1473^{m} \times 618^{m} = 910314^{mq}$	$47^{mq} \times 3 = 141^{mq}$
$13^{m} \times 5^{m},24 = 68,12$	$425^{m} \times 36^{m},20 = 15385$	$9^{mq},60 \times 0,9 \times 8,64$
$16^{m},50 \times 7^{m},40 = 122,10$	$18^{m},75 \times 3^{m},40 = 63,75$	$65^{mq},24 \times 2,75 \times 179,41$
$8^{m},02 \times 1^{m},09 = 8,9380$	$5^{m},675 \times 0^{m},912 = 5,1756$	$0^{mq},41 \times 675 \times 276,75$

3. — *Effectuer les divisions suivantes :*

A. 15mq : 5 = 3mq	36mq : 24 = 1,5	*B.* 0mq,15 : 2 = 0mq,0750	1mq : 0,01 = 100
3mq : 1,5 = 2	6mq : 0,06 = 100	10mq : 50 = 0,20	9mq,4575 : 4,56 = 206,96

GRAMMAIRE

Leçon 97. — **Adjectifs employés comme adverbes.**

Ces pêches sentent **bon**. — L'adjectif **bon** est employé ici comme *adverbe* (d'une manière bonne).

Certains adjectifs peuvent s'employer de même comme *adverbes*.

Ces pêches sont ou semblent **bonnes**. — Mais les adjectifs varient toujours avec les verbes **être, sembler, paraître, devenir.**

Comme cette jeune fille à l'air **bon**! — *Bon* ici s'applique à **air** (l'extérieur, l'air du visage) et non pas à *jeune fille*.

Cette poire a **l'air bonne**. — Quand il s'agit d'un *objet inanimé*, l'adjectif s'accorde avec le nom de cette chose. Du reste, il vaut mieux ajouter *être* et changer la tournure : *cette poire a l'air* **d'être bonne**.

Exercices. — *Mettre devant et après les mots au singulier et au pluriel l'adjectif* **nu** :

342. nu-tête,	nu-têtes.	nu-pied	nu-pieds.	nu-cou	nu-cous.
tête nue	têtes nues.	pied nu	pieds nus	cou nu	cous nus.
nu-jambe	nu-jambes.	nu-bras	nu-bras	nue propriété	nues propriétés.
jambe nue	jambes nues.	bras nu	bras nus		

Mettre devant et après les noms l'adjectif **excepté** :

343. excepté les nuits	les nuits exceptées	excepté les semences	les semences exceptées
excepté les matinées	les matinées exceptées	excepté la basse-cour	les basses cours exceptées
excepté les hivers	les hivers exceptés	excepté la bergère	les bergères exceptées
excepté les fruits	les fruits exceptés	excepté les engrais	les engrais exceptés
excepté les pommes	les pommes exceptées	excepté les bestiaux	les bestiaux exceptés

QUATRIÈME SEMAINE — MARDI

EXERCICES. ADJECTIFS POUVANT S'EMPLOYER COMME ADVERBES (p 58). — *Joindre un verbe aux adjectifs suivants* :

346. (voir) juste | (tourner) court | (manger) ferme | (courir) droit | (sentir) mauvais
(jeter) bas | (arrêter) net | (il fait) noir | (rire) jaune | (voir) rouge

LA CULTURE. — *Faire une phrase avec les définitions suivantes :*

347. Une *exploitation*, action d'exploiter des terres. — Le *fermage* est le prix du bail d'une ferme. — Le *métayage* est le fermage à moitié prix.
348. Un *cheptel* est un fermage pour bestiaux et partage des produits. — L'*assolement* est la succession régulière des cultures d'un sol.
349. Une *irrigation* est un arrosement. — Le *drainage* est le dessèchement. — L'*agronomie* est la théorie de l'agriculture.
350. L'*agriculture* est la culture des champs. — L'*horticulture* est la culture des jardins.
351. La *sylviculture* est le soin des forêts. — La *viticulture* est la culture de la vigne.
352. L'*apiculture* est l'éducation des abeilles. — L'*aviculture* est l'élevage des oiseaux.

Ajouter un nom aux adjectifs suivants :

353. indigène (du pays) un arbre indigène
exotique (étranger) une plante exotique
forestier (de forêt) un garde forestier
pastoral (de pasteur) un poème pastoral

354. climatérique (venant de climat) une condition climatérique
agronomique (concernant l'agronomie) un institut agronomique

Faites accorder ou nom les adjectifs :

355. Cette terre paraît (*spongieuse*) et cette autre a l'air (*sèche*).
Ces tiges sont (*cotonneuses*), mais en voilà qui ont l'air (*résineuses*).
Le colza, la navette et l'œillette sont dites (*oléagineuses*) parce que leurs graines servent à faire des huiles très utiles.

356. Voilà des oranges qui sentent (*bon*).
Ces enfants riaient (*jaune*) quand on les a surpris maraudant.
Ils se sont arrêtés (*court*).
Les plantes taillées doivent être coupées (*net*).
Il ne faut pas en général les tailler trop (*bas*).

GÉOGRAPHIE

LEÇON 40. — **Bassins secondaires de l'Adour, de la Charente.** — Dans l'Océan, au sud de la Garonne, se jette l'*Adour*. Il passe à *Bagnères-de-Bigorre*, arrose la fertile et riche plaine de *Tarbes*, passe à *Dax* et finit à *Bayonne*, qui serait un de nos grands ports de commerce sans la barre du fleuve, très dangereuse.

Les torrents qui descendent des Pyrénées pour grossir l'Adour s'appellent des *gaves*. Le principal est le Gave de *Pau*. La *Bidassoa* marque la limite entre la France et l'Espagne.

Au nord de la Garonne se jette encore dans l'Océan la *Charente*. Elle vient des monts du Limousin, passe à *Civray*, à *Ruffec*, au pied de la colline d'*Angoulême*, traverse *Saintes*, *Taillebourg* et forme à *Rochefort* un port militaire. Cette rivière, que Henri IV appelait le plus beau fossé de son royaume, coule dans un vallon agréable. Au nord de la Charente on remarque encore la *Sèvre Niortaise* qui passe à *Niort*, à *Marans* : elle a pour affluent la *Vendée*.

RÉSUMÉ. — En dehors du bassin de la Garonne il y a, sur le versant de l'Océan, les bassins secondaires de l'*Adour*, de la *Charente* et de la *Sèvre Niortaise*.

LECTURE

BARRAU, Le Livre de morale pratique, p. 325, *Soumission aux lois : Socrate.*

ÉCRITURE

LETTRE **k**. — La lettre **k** se compose d'abord du premier jambage de l'*h*. La seconde partie est un dernier jambage d'*u* qui serait cassé au milieu avec un délié rentrant. Il faut avoir soin que les deux moitiés de ce jambage soient dans la pente.

k kkk dock

QUATRIÈME SEMAINE — MERCREDI

MORALE

Leçon 98. **Instruction civique; devoirs des citoyens; le respect de l'autorité légitime.** — Vous devez respecter vos parents, pourquoi? Parce que c'est une autorité légitime. — Et vos maîtres? Parce que c'est encore une autorité légitime. — Qu'entendons-nous par ce mot de légitime? Une autorité établie par les lois. Les magistrats, les fonctionnaires du pays exercent leur autorité au nom des lois. Nous devons donc les respecter puisque nous devons respecter les lois. Il ne s'agit pas de savoir s'ils nous plaisent ou non. Dès qu'ils sont investis d'une autorité régulière, nous devons leur obéir dans la limite où ils ont des ordres à donner. Le refus d'obéir, c'est la révolte. Les révoltes désorganisent un Etat. Un Etat déchiré par les factions est un Etat perdu.

Résumé. — Nous devons respecter l'autorité légitime.

ARITHMÉTIQUE

Leçon 98. **Mesures agraires; l'are.** — Le *mètre carré* est l'unité des mesures de surface; mais on est convenu, pour les enclos, les champs, les bois, de procéder par *cent* mètres carrés.

Cent mètres carrés égalent un *décamètre carré* et forment un **are**.

On dit : 1 are, 2 ares, 3 ares, etc., pour 100, 200, 300, etc., mètres carrés. 15 ares peuvent s'écrire : 15^{Dmq} ou 1500^{mq}.

Cent ares font un **hectare**.

Un hectare vaut 100 ares ou **100** décamètres carrés ou 1 hectomètre carré.

Dix hectares valent **dix** fois 100 ou **1000** ares ou **1000** décamètres carrés.

Soit 25 hectares, 4 ares, j'écris : $25^{Ha},04$.

Si je veux exprimer ce nombre en *ares*, j'écrirai : 2 504 ares.

Que sera le dixième de l'are? Ce n'est pas un sous-multiple, puisque le décamètre carré ne se divise pas en *dix* carrés, mais en **cent.** Nous avons des **centiares,** et non des *déciares.*

Un *centiare* vaut la *centième partie* d'un décamètre carré ou un *mètre carré.*

On écrit 4 ares 6 centiares de terre : $4^{a},06$.

Exercices (p. 55, n° 43). — **1.** *Écrire en chiffres les nombres suivants en prenant l'are comme unité, puis l'hectare, puis le centiare :*

A.	15 ares 29 centiares	= $15^{a},29$	*B.*	1 hectare 7 ares 54 cent.	= $107^{a},54$
	3 hectares 8 ares	= 308^{a}		91 centiares	= $0^{a},91$
	4 hectares 6 ares 30 cent.	= $406^{a},30$		8 centiares	= $0^{a},08$

2. — *Écrire en toutes lettres les nombres suivants, en indiquant chaque unité par son nom :*

3. — *Additionner chaque colonne et donner le résultat en toutes lettres.*

C.	$3^{mq},605$	= $3^{mq},60^{dmq}50^{cmq}$	*D.*	$3^{a},84$	= $3^{a},84^{ca}$
	$45^{mq},8$	= $45^{mq},80^{dmq}$		$7^{a},09$	= $7^{a},09^{ca}$
	$126^{mq},72$	= $1^{Dmq}26^{mq},72^{dmq}$		$15^{a},7$	= $15^{a},70^{ca}$
	$47^{dmq},254$	= $47^{dmq}25^{cmq}40^{mmq}$		$0^{a},07$	= $0^{a},07^{ca}$
		$1^{Dmq}76^{mq},59^{dmq}75^{cmq}40^{mmq}$			$26^{a},70^{ca}$

E.	$8^{Ha},54$	= $8^{Ha},54^{a}$	*F.*	218^{ca}	= $2^{a},18^{ca}$	*G.*	$214^{a}, 8^{ca}$	= $2^{Ha}14^{a},08^{ca}$
	$3^{Ha},0917$	= $3^{Ha},09^{a},17^{ca}$		3684^{ca}	= $36^{a},84^{ca}$		$275^{a},19^{ca}$	= $2^{Ha}75^{a},19^{ca}$
	$25^{Ha},0057$	= $25^{Ha},00^{a},57^{ca}$		64005^{ca}	= $6^{Ha}40^{a},05^{ca}$		7567^{ca}	= $75^{a},67^{ca}$
	$917_{Ha},71$	= $917^{Ha},71^{a}$		170008^{ca}	= $17^{Ha}00^{a},08^{ca}$		9865^{ca}	= $98^{a},65^{ca}$
		$954^{Ha},34^{a},74^{ca}$			$23^{Ha},79^{a},15^{ca}$			$6^{Ha}63^{a},59^{ca}$

Exercices (p. 56, n° 44). *Faire les soustractions* *C.*	*Effectuer les multiplications :* *D.*	*Effectuer les divisions :* *C.*	*D.*
47ares — 8,2 = 38,9	50^{ares} × 7 = 350 a	1845^{ares} : 9 = 205 a	$6^{ares},40$: 0,64 = 10^{a}
75ares — 17,30 = 57.7	8 a ,92 × 15 = 133 a ,80	2^{ares} : 0,5 = 4 a	615^{ares} : 7,8 = $78^{a},84$
146ares — 9,5 = 136,9	$6^{Ha},19$ × 374 = $2315^{Ha},06$	16^{hect} : 8 = 2^{Ha}	$9^{Kmq},54$: 317 = $0^{Kmq},03$
8975ares — 4,7 = 8970,9	$7^{Ha},06$ × 0,09 = $0^{Ha},6354$	16^{hect} : 80 = $0^{Ha},2$	15000^{Kmq} : 63857 = 0,2349

GRAMMAIRE

Leçon 98. — **Adjectifs exprimant les couleurs.**

*Des roses pâle***s**. Les adjectifs exprimant les couleurs **varient.**

Des roses **rouge-vif.** Si ces adjectifs sont *composés*, ils sont **invariables.**

Des roses **thé**. Les noms employés pour exprimer les couleurs sont **invariables.**

QUATRIÈME SEMAINE — MERCREDI

EXERCICES (p. 59). — LE JARDIN. *Copier ces noms avec l'article au singulier et au pluriel.*

359. L'iris	la pâquerette	la jacinthe	360. Le lilas	le glaïeul	le coquelicot
l'héliotrope	l'anthémis	le silène	la clématite	le souci	le pourpier
le géranium	l'amarante	le soleil.	la boule-de-neige	la mauve	le myosotis

Joindre un nom convenant à chacun des adjectifs suivants :

361. Chapeau gris	lis blanc	bois jaunâtre	primevère jaune
ruban cramoisi	pervenche bleue	fleur bleuâtre	raisin noir

362. Encre violette | liqueur brune | vin rouge | robe rose | cheveux châtains | barbe blonde

Joindre un nom pluriel à chacune des nuances que vous connaissez :

363. Robes paille | habits marron | robes héliotrope | rubans saumon | bas carmin | satins orange.

364. Corsages iris	costumes lilas	étoffes vermillon	lainages mauve
jupes feu	tissus crème	soies azur	robes ciel
365. Robes rose pâle	chapeaux gris de perle	366. Costumes bleu foncé	corsages bleu de Prusse
jupes bleu clair	rubans gris-brun	soies gris foncé	vestes bleu marine.
367. Cravates noir de fumée	satins vieil argent	368. Encres noir de charbon	encres rouge pâle
laines blanc d'argent	tissus vieil or.	peintures blanc de plomb	vins rouge vif

HISTOIRE

LEÇON 59. **La patrie en danger; la bataille de Valmy.** — Les massacres de septembre justement flétris ne pouvaient sauver le pays. Ce qui le délivra, ce fut le dévouement des volontaires. Les Prussiens s'étaient emparés de *Longwy*, de *Verdun*. Dès le 5 juillet l'Assemblée avait décrété la *patrie en danger*. Les volontaires de tout âge, de toute condition, affluaient et se faisaient inscrire au milieu des applaudissements.

Ces volontaires, pleins d'une généreuse ardeur, étaient dirigés sur *Châlons*, au chant du nouvel hymne composé à Strasbourg par un officier, *Rouget de l'Isle*, et que popularisa un bataillon de Marseillais, d'où son nom : *la Marseillaise*. *Dumouriez* commandait l'armée, formée de ces volontaires et des vieux régiments. Le 20 septembre 1792, il arrête les Prussiens et les Autrichiens à *Valmy*. Commandés par Brunswick, les Prussiens tentèrent d'escalader les hauteurs du moulin de Valmy. Immobiles dans leurs lignes, les Français accueillirent l'ennemi par un feu terrible, aux cris de *Vive la nation!* Les Prussiens, puis les Autrichiens, qui étaient venus à à leur aide, battirent en retraite. La victoire de Valmy délivrait la France de l'invasion.

Vers la frontière du nord, **Lille**, assiégée par les Autrichiens, bombardée d'une manière odieuse, opposa la plus héroïque résistance. Dumouriez pénétra en Belgique et enleva après un combat sanglant le bourg de **Jemmapes** (6 novembre 1792).

RÉSUMÉ. — La France envahie fut sauvée par la victoire de *Valmy* et l'héroïque défense de *Lille*.

SCIENCES NATURELLES

LEÇON 40. **Batraciens.** — Les animaux à peau nue qui subissent des métamorphoses sont des **batraciens**. — Les uns, comme la *grenouille*, le *crapaud*, la *rainette*, n'ont plus de queue à l'état adulte; les autres, comme le *triton*, la *salamandre*, la conservent.

Comment se déplacent-ils? La grenouille et le crapaud, en sautant; les doigts des pattes de la grenouille sont réunis par une membrane, ils sont *palmés*, ce qui lui permet de nager très aisément. Quant à la rainette, d'une si jolie couleur verte, avec ses doigts aux pelotes visqueuses, elle peut grimper sur les arbres. Le triton se déplace surtout en nageant, tandis que la salamandre rampe; elle ressemble beaucoup au lézard, mais on ne peut la confondre avec lui, car dans son jeune âge elle est à l'état de têtard.

Quels profits tirons-nous des batraciens? Peu de chose, à part les grenouilles, dont la chair est bonne à manger, et les crapauds, qui débarrassent nos jardins des limaces.

RÉSUMÉ. — Les *batraciens* sont des vertébrés à sang froid, à peau nue, qui subissent des métamorphoses. On distingue la grenouille, le crapaud, la rainette et la salamandre.

LECTURE

DECOUDRAY et GŒPP, Le patriotisme en France, p. 260, *La patrie en danger.*

ÉCRITURE

Écriture en gros. — *Les docks sont d'immenses entrepôts.*

MORALE ET INSTRUCTION CIVIQUE

LEÇON 99. **Instruction civique. La Constitution.** — Les lois sont établies, les fonctionnaires sont nommés selon certaines formalités et garanties réunies dans la **Constitution** du pays. Nous étudierons la Constitution de la France. Mais sachez que c'est la loi des lois, la loi suprême, la condition de l'existence d'un État, république ou monarchie. Les Constitutions sont variées comme les nations. Mais on ne peut mettre une Constitution en échec sans bouleverser l'Etat. Ainsi nous devons respecter par-dessus tout les pouvoirs qu'elle établit, les lois qui en résultent et qui se trouvent par conséquent en harmonie avec elles. La Constitution de la France est une *Constitution républicaine.*

RÉSUMÉ. — La Constitution est la loi suprême qui établit toutes les autorités.

ARITHMÉTIQUE — GÉOMÉTRIE

LEÇON 99. GÉOMÉTRIE. — **Polygones réguliers inscrits dans la circonférence.** — Au moyen du rapporteur, on peut aisément construire un angle qui vaut les $\frac{2}{3}$ d'un droit ou 60 degrés, un autre qui en vaut le $\frac{1}{3}$ ou 30 degrés, un qui vaut un demi-angle droit ou 45 degrés, etc.

On peut de même diviser un angle en un certain nombre de parties égales, puisqu'il suffit de diviser le nombre de degrés qui le mesurent en ce nombre de parties égales; pourtant pour cette opération il est préférable d'employer le compas; nous en parlerons dans le dessin géométrique.

Lorsque la circonférence est divisée en un certain nombre de parties égales, si on joint les points de division, on forme, à l'intérieur, des polygones qui, ayant leurs sommets sur la circonférence et leurs côtés égaux, sont dits *inscrits* et de plus *réguliers*. Dans les leçons suivantes, nous apprendrons à tracer les polygones réguliers suivants : le carré (4 côtés); l'octogone (8 côtés); l'hexagone (6 côtés); le dodécagone (12 côtés); le triangle équilatéral (3 côtés). D'ailleurs, quand un polygone régulier est construit, on a immédiatement le polygone dont le nombre des côtés est double, en divisant les arcs en 2 parties égales.

RÉSUMÉ. — On appelle *polygone régulier inscrit* celui dont les côtés sont égaux et dont les sommets sont sur une circonférence.

GRAMMAIRE

LEÇON 99. **Les adjectifs homonymes.** — *Il est toujours prêt à faire un prêt.* — Certains adjectifs s'écrivent et se prononcent comme d'autres mots : ils sont des *homonymes.*

Il faut éviter de confondre les homonymes *noms* et ceux qui sont *adjectifs*. On reconnaît les *noms* à l'*article*.

EXERCICES. — *Faire accorder ou non les adjectifs ou changer les tournures :*

357. Les races de volailles. — Les volailles de la race de Houdan, au plumage caillouté, à la huppe (*abondante*) et repliée en arrière, ont l'air (*vives*), (*alertes*), le corps (*volumineux*).

Elles sont (*bonnes*) pondeuses.

Dans la race de Crèvecœur, la crête, divisée (*net*) en deux parties, a l'air (*pointue*) comme deux cornes de corail.

La chair, (*blanche*) et (*délicate*), fournit des rôtis qui sentent (*bon*).

Les volailles de cette race semblent plus (*aptes*) à être engraissées.

358. Les volailles du Mans, si (*renommées*), offrent des coqs qui ont l'air (*hardi*), à cause de leur (*haute*) stature : mais celles de la Flèche rivalisent (*ferme*) avec celles du Mans et comptent parmi les (*meilleures*), les plus (*appétissantes*).

Les types de la race de la Bresse ont l'air (*charmants*), (*élégants*), avec leur crête (*immense*), (*droite*) chez le coq, (*renversée*) chez la poule, et avec leurs dentelures qui paraissent (*triangulaires*), (*aiguës*).

On estime la race de Barbezieux : elle a l'air plus (*grande*) et assez (*forte*).

Copier les mots (sans explication) *en distinguant les noms et les adjectifs.* Modèle : Une ferme, *nom*; ferme, *adjectif.*

	NOMS	ADJECTIFS
374.	Le lait (liquide).	laid (difforme)
	La ferme (bâtiment).	ferme (solide)
	Un sinistre (accident).	sinistre (affreux)
	Une commode (meuble).	commode (facile, aisé)

	NOMS	ADJECTIFS
375.	Une roue (de voiture).	roux (couleur rousse)
	Un prêt (somme prêtée).	prêt (préparé à)
	Le sein (partie du corps).	sain (en santé, en bon état).

QUATRIÈME SEMAINE — VENDREDI

376. Un seau (ustensile).	sot (faible d'esprit)	**377.** Une chaire (meuble).	cher (aimé)
Une scène (d'un théâtre).	saine (féminin de sain)	Un bond (action de bondir).	bon (qualité)
Une salle (d'une maison).	sale (non nettoyé)	La chère (nourriture) . .	chère (fém. de cher)
Le vin (liquide). . . .	vain (inutile)	La chaux (pierre en dissolution).	chaud (qui a de la chaleur)
Un ver (animal). . . .	vert (couleur verte)		
378. La faim (besoin de manger).	fin (pur, ténu, délicat)	**379.** Un hôte (qui donne l'hospitalité)	haute (féminin de haut)
Une faux (outil). . . .	faux (non vrai)	Une main (extrémité du bras).	maint (plusieurs)
Une fosse (trou). . . .	fausse (féminin de faux)	Le moût (jus de raisin).	mou (non solide)
Un gué (passage). . . .	gai (joyeux)	Une mûre (fruit). . . .	mûre (féminin de mûr)
La grâce (agrément). .	grasse (féminin de gras)	Le père (chef de la famille).	pair (égal)

Mettre les adjectifs **homonymes** *des noms :*

380. Le maître de cette *ferme* est (ferme).
Ce fut un *sinistre* des plus (sinistres).
Cette *commode* n'est pas (commode) à ouvrir.
Voilà sur cette feuille un petit *ver* (vert).
Il est *faux* qu'on lui ait ébréché sa (faux).
Il passait le *gué* tout à fait (gai).
« Effacez-vous, de *grâce* », disait-on à une personne (grasse).
Lavez-vous les *mains* (maintes) fois.
Notre *hôte* nous reçut dans une salle large et (haute).

381. On fait de *vains* efforts pour obliger certaines gens à se passer de (vin).
Les *mûres* ne sont pas saines à manger, même (mûres).
Notre cher instituteur était dans sa *chaire*.
Un élève (sot) prit le *seau* et le renversa.
Ce *lait* a été mis dans un vase (laid).
Rien de plus (chaud) que la *chaux* vive arrosée.
Il eut un (bon) mouvement et se leva d'un *bond*.

382. *Refaire le même exercice en remplaçant l'un des homonymes, le nom ou l'adjectif, par un synonyme* : ferme, *métairie*; sinistre, *lamentable*; commode, *facile*; faux, *pas vrai*; gai, *joyeux*; grasse, *grosse*; maintes, *plusieurs*; haute, *élevée*; vains, *inutiles*; mûres, *non vertes*; sot, *maladroit*; laid, *affreux*; chaud, *brûlant*; bon, *généreux*.

GÉOGRAPHIE

Leçon 41. **Revision.** — Questions. — Que remarque-t-on à propos du relief du sol français? Qu'il est formé d'une façon heureuse. Montagnes et vallées se continuent, de telle sorte que l'unité du pays a pu se réaliser. — Qu'entendez-vous par massif central? Le massif qui comprend les *Cévennes* et les monts d'*Auvergne*. — De quelle nature sont les montagnes? D'origine volcanique. — Quels sommets y remarque-t-on? Le mont *Lozère*, le *Plomb du Cantal*, le *Puy de Sancy*, le *Puy de Dôme*. — Qu'appelle-t-on chaîne de partage des eaux? La chaîne des *Cévennes*, du *Lyonnais*, du *Beaujolais*, du *Charolais*, de la *Côte-d'Or*, du plateau de *Langres*, des monts *Faucilles*. — Entre quelles montagnes est encadré le bassin du Rhône? Entre les Cévennes et la chaîne de partage à l'ouest, le Jura et les Alpes à l'est. — D'où vient le Rhône? Du mont Furca, en Suisse. — Quel lac forme-t-il? Le lac de Genève. — Où entre-t-il en France? Au fort de l'Écluse. — Où reçoit-il la Saône? A Lyon. — Où se divise-t-il? A Arles. — Comment appelez-vous le terrain compris entre ses bouches? Le delta de la Camargue. — D'où vient la Garonne? D'Espagne. — Quelles montagnes lui envoient leurs eaux? Les Pyrénées, le massif central. — Comment finit-t-elle? Par un bras de mer, la Gironde.

LECTURE

Defodon, Choix de Fables, p. 53, *Le Héron* (La Fontaine, livre IV, fable 7).

ÉCRITURE

La lettre l. — Cette lettre se compose du jambage supérieur de l'*h*, mais un peu avant d'arriver à la ligne inférieure on arrondit et on termine comme pour l'*i* et le *t*.

9 m/m

6 m/m l l l laiterie

QUATRIÈME SEMAINE — SAMEDI

MORALE ET INSTRUCTION CIVIQUE

Leçon 100. **Revision.** — Questions. — Quel est le principal devoir du citoyen? L'obéissance aux lois. — Qu'est-ce que la loi? L'expression de la volonté générale du pays. — Qu'est-ce donc que désobéir à la loi? C'est désobéir à son pays. — Qu'entendez-vous par autorité légitime? Une autorité établie par les lois. — Qui est-ce qui exerce cette autorité légitime? Les magistrats, les fonctionnaires du pays. — Qu'est-ce que la Constitution d'un pays? C'est la loi suprême qui établit toutes les autorités légitimes. — Pourquoi devons-nous les respecter? Parce que nous devons respecter les lois : ne pas respecter la Constitution, c'est se mettre en révolte ouverte contre son pays. — Qu'est-ce qu'amèneraient ces révoltes? Ces révoltes amèneraient l'affaiblissement et la ruine de l'État.

ARITHMÉTIQUE

Leçon 100. Exercices (p. 57, n° 45). — **L'héritage de Petit-Jean.** — **1.** Petit-Jean revint au village passer quelques mois de congé : il ne retrouva pas son grand-père, mort quelques semaines auparavant. Mais il fallait procéder au partage, car le père de Petit-Jean avait deux frères.

Il y avait dans l'héritage plusieurs pièces de terre de diverses contenances :

1°	33 ares 66 cent. à	30f l'are	=	1009f80
2°	60 —	18 —	=	1080
3°	40 —	20 —	=	800
4°	1 hect. 40 ares	1600 l'hect.	=	2240
5°	90 ares	2800 —	=	2520
6°	2 hect. 10 ares	1100 —	=	2310
		Total.		9959f80

2. On ne pouvait songer à partager chaque pièce de terre en 3 parties égales ; et pourtant il fallait que la part de chaque héritier fût équivalente.

D'après la valeur des pièces de terre, quelles pièces attribuerait-on à chacun des 3 héritiers pour que chacun n'eût rien à réclamer?

Petit-Jean établit, d'après la valeur, la part de chaque héritier. Le 1er eut les pièces n°? le 2e les pièces n°? le 3e les pièces n°? 1er nos 1 et 6; — 2e nos 2 et 4 ; — 3e nos 3 et 5.

3. L'héritage permit au père de Petit-Jean de bâtir une maison entre cour et jardin. Il choisit un terrain de 22m,80 de long sur 12m,60 de large.

Quelle superficie? R. 287mq,28.

GRAMMAIRE

Leçon 100. **Place de l'adjectif dans la phrase.** — *Un homme charmant.* — L'adjectif se met **après** le nom.

Un charmant homme. — Il peut aussi se mettre avant lui.

Cet homme est charmant. — L'adjectif sert souvent d'**attribut**.

Ce gros radis. — Quand l'adjectif n'a qu'une syllabe ou qu'il est plus court que le nom, on le place **avant** le nom.

Un homme **grand**. — Je dis un homme qui a une *taille élevée*. — *Un* **grand** *homme.* — Je dis un homme *grand au moral.*

Cette terre est dure et pénible **à** *labourer.*

Cette terre, peu amie **du** *blé, ne* **lui** *est pas favorable.* — On ne dira pas : *Cette terre est peu favorable et amie* **du** *blé.*

Quand deux adjectifs n'admettent pas la même préposition, il faut *donner un complément distinct à chaque adjectif.*

Résumé. — Certains adjectifs changent de sens quand on les change de place.

Exercices. — *Donner le sens des expressions :*

383. Un *grand homme* est un homme de génie. — Un *honnête garçon* est un bon garçon. — Un *brave ouvrier* est un ouvrier honnête et bon. — Un *beau matin* est un certain matin. — Un *pauvre homme* est un homme de peu d'esprit. — Un *bon homme* est un homme un peu bonasse.

384. Un *fou rire* est un vif accès d'hilarité. — Un *vieux garçon* est un célibataire. — Un *certain bénéfice* est un bénéfice quelconque. — Un *bon mot* est un mot spirituel. — Les *menus plaisirs* sont des plaisirs d'agrément. — Un *mauvais sujet* est un mauvais drôle. un enfant qui se conduit mal.

Dire la différence qu'il y a entre :

386. une pure laine (pure de tout mélange).
une laine pure (purifiée).
les premiers nombres (1, 2, 3, 4, etc.).
les nombres premiers (nombres qui n'ont d'autres diviseurs qu'eux-mêmes).

387. un blanc-bec (jeune homme sans expérience).
un bec blanc (de couleur blanche).
une forte bouche (qui mange beaucoup).
une bouche forte (grande).

QUATRIÈME SEMAINE — SAMEDI

388. un doux accord (sympathie mutuelle).
un accord doux (accord de notes agréables).
un haut personnage (puissant).
un personnage haut (grand, fier).

389. un rond-point (place ronde).
un point rond (point arrondi).
un joli temps (par ironie, mauvais).
un temps joli (temps agréable).

DICTÉE. *Changer ou non la place des adjectifs et des compléments d'adjectifs.*

390. Un veau pour un navet. — Un (*brave*) journalier avait récolté dans son (*petit*) jardin un (*gros*) navet, mais d'une grandeur (*extraordinaire*). Tout le monde en était étonné. Ce (*pauvre*) jardinier eut la (*bonne*) pensée d'offrir ce (*prodigieux*) navet au seigneur du château. Celui-ci, fort satisfait, se montra (*sensible*) à l'attention : il la reconnut par un (*généreux*) don de trois pièces d'or.

Trois pièces d'or pour un navet ! Le bruit s'en répandit dans le village. Un fermier avide (*de*) gain fit aussitôt ce calcul : « Si le seigneur donne trois pièces d'or pour un (*misérable*) navet, que ne donnera-t-il pas pour mon (*plus beau*) veau ? Je vais le lui conduire. » Il le fit.

391. Le seigneur (*poli*) se montra (*content*) du fermier, il le remercia fort et lui dit : « Vous êtes trop (*honnête*) homme ; mais gardez votre (*gracieux*) présent. » Le fermier insiste. Le seigneur, éclairé sur le (*vrai*) motif qui faisait agir le (*rusé*) fermier, se rendit enfin, et dit : « J'accepte votre (*beau*) cadeau, mais recevez en échange une merveille qui m'a coûté plus que ne coûterait votre (*jeune*) veau. » Et il lui donna le (*fameux*) navet. On juge si le sot homme fut (*bafoué*) par tout le village.

HISTOIRE

LEÇON 60. **Revision.** — QUESTIONS. — Quelle Assemblée remplaça l'Assemblée constituante ? L'Assemblée législative. — Quel était le caractère des nouveaux députés ? Ils étaient plus jeunes, plus ardents, ils ne voulaient plus de la monarchie. — Que faisaient les émigrés ? Ils excitaient les puissances étrangères à combattre la Révolution. — A qui Louis XVI fut-il obligé de déclarer la guerre ? A l'Autriche. — La Prusse se joignit à elle ? — Comment débuta cette guerre ? Par des revers. — Qu'arriva-t-il le 20 juin 1792 ? Le château des Tuileries fut envahi par une foule armée. — Le 10 août 1792 ? Les Tuileries furent prises par le peuple, et Louis XVI se réfugia dans la salle de l'Assemblée. — Quel élan le péril avait-il déterminé en France ? Un élan patriotique. — Quel hymne chantaient les volontaires ? L'hymne composé par Rouget de l'Isle et qui fut nommée la *Marseillaise*. — Qui commandait l'armée ? Dumouriez. — Par quelle bataille la France fut-elle sauvée ? Par la bataille de Valmy.

SCIENCES PHYSIQUES

LEÇON 18. **Les glaciers.** — Les hauts sommets des montagnes sont couverts de neiges, parfois éternelles. On dirait des champs de neige : ce sont les *névés*.

Un savant a creusé dans deux morceaux de bois une cavité. Entre les deux il plaça une masse de neige et pressa fortement jusqu'à ce que les morceaux de bois fussent en contact. Quand il les sépara, il trouva un bloc de glace moulé dans la cavité. Que s'était-il passé ? La pression avait fait fondre la neige. Or, dès que la pression avait cessé, l'eau n'était plus restée liquide : elle était devenue *glace*. Vous observez la même chose quand vous faites des boules de neige. La neige fond, regèle, et quelquefois vous avez une boule de glace très dangereuse à lancer. Eh bien, dans les montagnes, la pression exercée par les amas de neiges font fondre celles qui se trouvent plus bas : ces neiges deviennent *eau*, puis regèlent. Le névé est devenu *glacier*. Dans certaines montagnes se sont formés ainsi des fleuves, des mers de glace ; mais ces fleuves solides marchent. Plantez un piquet à une distance mesurée d'un rocher. L'année suivante, le piquet se trouve plus bas. A la surface du glacier se voient de grosses pierres, arrachées aux flancs de la vallée par le frottement du glacier, et appelées les *moraines*. Mais quand arrivent les souffles printaniers, des masses de neiges fondent. Alors se produisent de terribles éboulements, les *avalanches*.

RÉSUMÉ. — Les neiges sur les montagnes forment des *glaciers* et des *avalanches*.

LECTURE

DEFODON, Choix de fables, p. 80, *Le corbeau, la gazelle, la tortue et le rat* (La Fontaine, livre XII, f. 15).

ÉCRITURE

Écriture en moyen. — *La loi est l'expression de la volonté du pays.*

QUATRIÈME SEMAINE

DESSIN

LEÇON 39. — **Dessin géométrique. Division des angles et de la circonférence** (*suite*). — Divisons l'angle droit AOB (fig. 1) en 3 parties égales. Du point O comme centre, nous traçons l'arc AB, et avec la même ouverture de compas, des points A et B successivement comme centres, nous traçons les arcs OC et OD qui coupent, le 1er en C et en D. L'angle AB est partagé par les droites OD et OC en 3 parties égales. — Une circonférence valant 4 quadrants, on peut de la même manière diviser une circonférence en 12 parties égales, puisqu'il suffit de diviser chaque quadrant en 3 (fig. 1). — En prenant les points de division de 2 en 2, on a six divisions égales de la circonférence; en les prenant de 4 en 4, on obtient 3 arcs égaux à un tiers de circonférence (fig. 1).

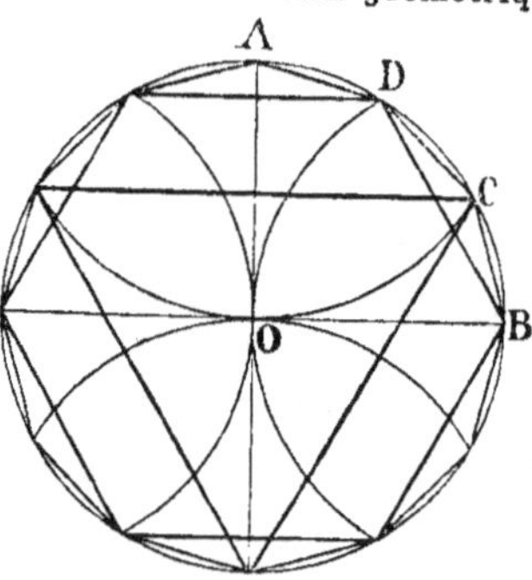

Fig. 1.

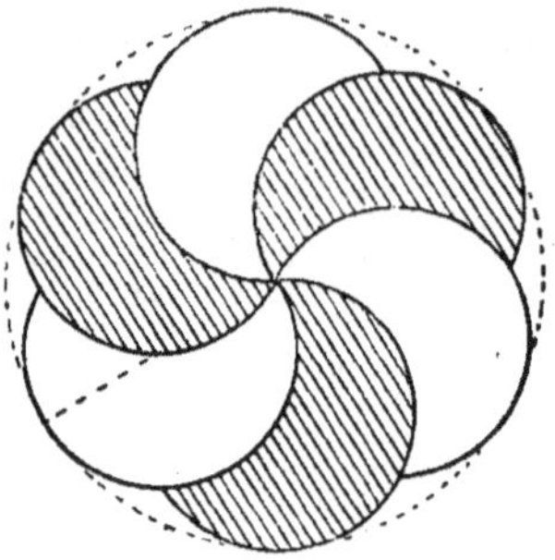

Fig. 2.

Application. — Nous ferons sur une circonférence divisée en 6 parties égales (fig. 2) la *rosace* formée de 6 cercles égaux, se recouvrant en partie, et ayant chacun pour diamètre le rayon de la grande circonférence. Des broches en or, à faces mates et polies, ont cette forme.

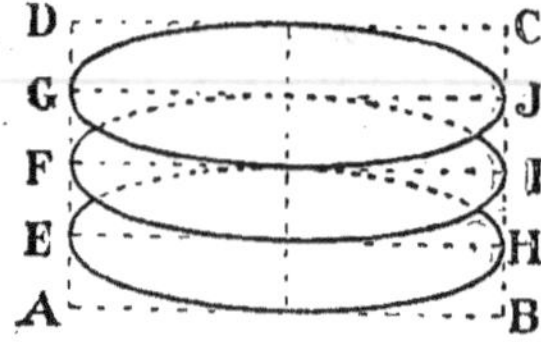

Fig. 3.

Fig. 4.

LEÇON 40. — **Dessin à main levée. Objets usuels dérivés du cercle.** — Un cercle, nous l'avons vu, à mesure que son plan s'incline, qu'il tend, au lieu d'être vertical, à devenir horizontal, semble s'aplatir ; le cercle devient une ellipse.

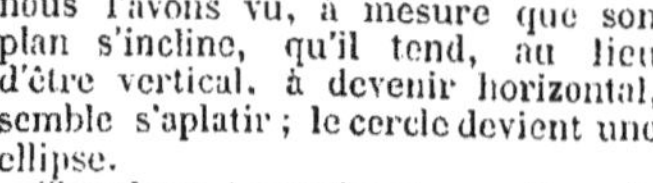

Cherchons à représenter un four de campagne, où 3 cercles, placés à égale distance, sont bien visibles; nous dessinerons un rectangle ABCD, ayant pour hauteur celle du four (fig. 3). Divisons AD en 4 parties égales, aux points FEG, menons des parallèles EH, FI, GJ à AB et traçons une ellipse dans chacun des rectangles AFIB, EGJH, FDCI. Il nous restera bien peu de chose à faire pour achever le four (fig. 4).

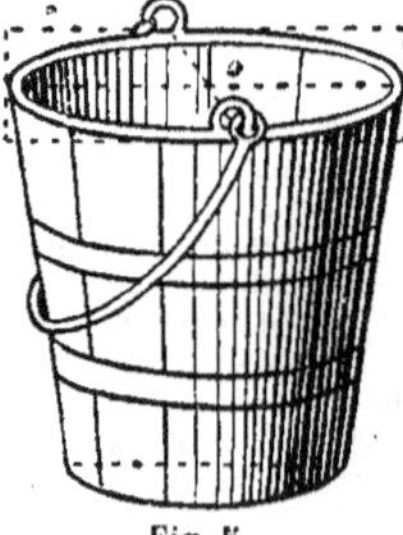
Fig. 5.

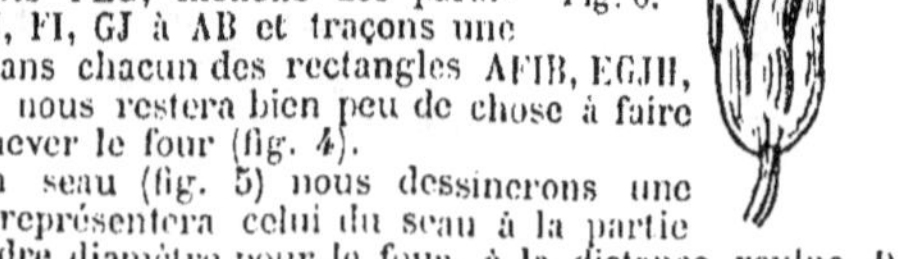
Fig. 6.

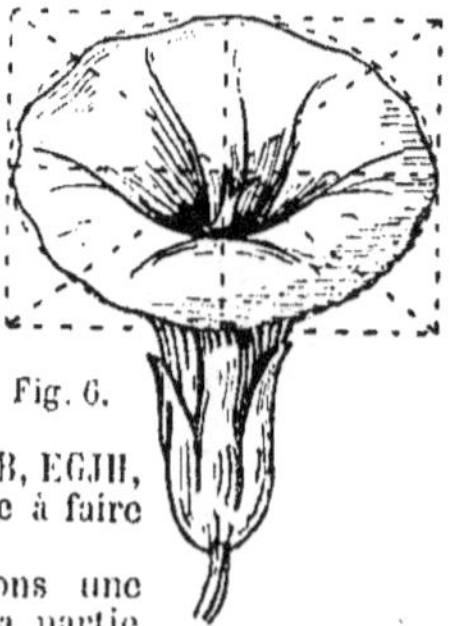

De même, pour dessiner un seau (fig. 5) nous dessinerons une ellipse dont le grand diamètre représentera celui du seau à la partie supérieure, une ellipse de moindre diamètre pour le four, à la distance voulue. Des tangentes à ces ellipses détermineront le contour, et on n'aura plus qu'à indiquer les douves, l'anse et les cercles de fer.

Enfin, nous pouvons dessiner une *fleur de volubilis* ou de liseron (fig. 6) dont la partie supérieure de la corolle qui a une forme circulaire sera représentée aussi par une ellipse.

TRAVAIL MANUEL

LEÇON 39. — **Garçons.** — MENUISERIE, TECHNOLOGIE. — **Constitution d'une tige d'arbre.** — La tige d'un arbre de nos pays est généralement formée de 3 parties : le *bois*, au centre ; puis l'*aubier*, et enfin l'*écorce* à l'extérieur.

Le *bois* est formé de couches *concentriques* et *annuelles* dont l'examen attentif peut indiquer par le nombre l'âge de l'arbre.

De la moelle, au centre du bois, se détachent vers l'aubier des lignes appelées *rayons médullaires* dont la présence sur une planche, en hêtre ou en chêne surtout, est indiquée par des taches brillantes appelées *mailles du bois*, et qui donnent à celui-ci plus de valeur.

Quand l'arbre vieillit, le cœur se durcit, se lignifie davantage, et cette partie est la meilleure à employer.

Quant à l'*aubier* il ne peut servir comme bois d'œuvre. L'écorce a également un usage qui ne concerne en rien la menuiserie.

LEÇON 40. — MENUISERIE. — 1° **Ploir** (fig. *a* et *b*). Je dresse une planche de hêtre afin d'obtenir un parallélépipède ABCDEF de $0^m,250$ sur $0^m,030$ et $0^m,003$.

Fig. *a*.

J'arrondis les extrémités E et F et je les amincis ainsi que les bords AB et CD à l'aide d'une râpe ; je termine avec une lime fine ou une lame d'acier servant de grattoir.

La pièce a dû être serrée sous un valet ou dans une presse. Son épaisseur doit diminuer graduellement pour former tranchant, et le tout doit être parfaitement symétrique.

2° **Couteau à papier** (fig. *c*). — Je procède d'abord comme pour le ploir, en formant un parallélépipède GHIJ. Je trace ensuite sur le plat la figure symétrique KLMNOP qui me donne la forme de l'objet à exécuter. J'enlève (fig. *c*) à la râpe toute la partie hachurée et je termine en amincissant les bords comme dans l'exercice précédent.

Fig. *c*.

Je termine la pièce en la passant au papier de verre à grains fins.

LEÇONS 39-40. **Filles.** — COUTURE ET MARQUE. — **Etude du point de piqûre.** — Pièces ornées de points de piqûre.

Faire marquer au milieu les initiales de l'élève. — Faire marquer au milieu la date du travail.

CHANT

EXERCICES sur les valeurs.

HISTOIRE (Supplément, *Anciens Programmes*)

Leçon 49. **Henri II (1547-1559).** — François Ier avait eu peine à se défendre contre Charles-Quint. Pour résister à cette puissance, Henri II s'allia à des princes d'Allemagne qui ayant embrassé une nouvelle religion, la religion protestante, s'étaient révoltés contre l'empereur. Les Français occupaient trois villes importantes de la Lorraine, anciennement françaises, *Metz*, *Toul* et *Verdun*, qu'on désignait sous le nom des *Trois-Évêchés* (1552). Irrité, Charles-Quint arriva avec une armée nombreuse.

Les habitants de Metz montrèrent, par leur belle défense, qu'ils ne voulaient pas redevenir Allemands. Dirigés par un prince lorrain, le duc *François de Guise*, ils repoussèrent toutes les attaques. Charles-Quint se retira honteusement. Metz demeura française (1552).

Découragé par un nouvel échec à Renty (1556), Charles-Quint abdiqua. Il renonça à toutes ses couronnes et se retira au monastère de *Juste* en Espagne, où il mourut en 1558. Son fils, *Philippe II*, n'hérita point de l'*empire d'Allemagne*, électif, ni des domaines autrichiens, laissés au frère de l'empereur. Mais il gardait l'Espagne et ses annexes : *Pays-Bas*, *Artois*, *Franche-Comté*, *Roussillon*, *Milanais*, *royaume de Naples*, *colonies d'Amérique*. En outre, il avait épousé la reine d'Angleterre *Marie-Tudor*. La France avait donc contre elle l'Espagne et l'Angleterre.

Venus de leurs États du Nord, les Espagnols s'avancèrent jusqu'à *Saint-Quentin*, où ils remportèrent une victoire complète (1557). Charles-Quint, l'apprenant au fond de sa solitude, s'écria : « Mon fils est-il à Paris? » Mais l'amiral *Coligny* défendait Saint-Quentin. Il résista dix-sept jours dans cette ville à peine fortifiée. Henri II eut le temps de réunir une autre armée.

Rappelé d'Italie, le duc *François de Guise* accourut. Laissant de côté les Espagnols arrêtés par l'hiver, il se jeta sur les Anglais. Au mois de janvier, par un froid rigoureux, il parut à l'improviste devant la ville de **Calais** et l'enleva d'assaut (1558). Les Anglais tenaient ce port depuis *deux cent onze ans* ; ils l'appelaient les « clefs de la France ». Philippe II signa la paix de **Cateau-Cambrésis**. Henri II abandonnait la *Savoie*, conquise sous François Ier. Mais il gardait *Calais*. En outre, *Metz*, *Toul* et *Verdun* demeuraient à la France. Philippe, devenu veuf, épousa une fille de Henri II (1559). Le roi célébra par des fêtes la paix et le mariage. Dans un tournoi il lutta contre son capitaine des gardes, Montgomery, et fut blessé mortellement.

Les guerres d'Italie, qui avaient duré de 1494 à 1550, détournèrent trop longtemps les Français de leurs véritables intérêts. Mais les seigneurs laissèrent en Italie une partie de leur rudesse et de leur grossièreté.

Leçon 50. **Le gouvernement sous François Ier et Henri II.** — Les guerres d'Italie fortifièrent le pouvoir royal. Occupée aux batailles, la noblesse ne contesta plus l'autorité royale. François Ier disait aux députés du Parlement qui lui faisaient des remontrances : « Je suis le roi, je veux être obéi ». Il ne convoqua point les *États généraux*, les remplaçant par des *assemblées de notables*, et signait ses ordonnances de la formule : « car tel est notre bon plaisir ». Grâce au concordat de 1516, le roi dominait le clergé. Il affermit son autorité dans les provinces en créant *dix gouvernements militaires*, plus tard portés à 32.

François Ier, averti par le désastre de Pavie, voulait créer une *armée royale*, toujours prête à défendre les frontières. François Ier tenta l'organisation de *légions provinciales* en 1535, mais cet essai ne fut pas continué. Ce prince donna le funeste exemple de confondre le trésor public avec le *trésor royal*, afin d'y puiser plus facilement. Les impôts sous son règne furent très lourds, les tailles augmentées, la **dette publique** commencée, car le roi établit les premières *rentes perpétuelles* sur l'Hôtel de Ville, c'est-à-dire qu'il *empruntait* une grosse somme et qu'il payait les *intérêts* de cette somme avec une partie des revenus de la ville de Paris. Ces rentes étaient *perpétuelles*, c'est-à-dire que le roi n'avait pas à se préoccuper de rembourser le capital. Cela ne suffisait pas d'ailleurs pour procurer des ressources. Le roi vendit même les charges de conseillers au Parlement, et fit passer en pratique le grave abus de la **vénalité des charges**. Ainsi le droit de rendre la justice s'acquérait à beaux deniers comptants.

Charles VIII, Louis XII, François Ier avaient ramené d'Italie beaucoup d'ouvriers, qui instruisirent les ouvriers français. Les industries de luxe, orfèvrerie, ciselure, soierie, se développèrent. Le travail de la soie enrichit la Touraine, le commerce se développait. François Ier encouragea la marine et fit aménager le port du *Havre*. *Jacques Cartier*, de Saint-Malo, découvrit le Canada. Mais François Ier vit commencer les dissensions religieuses. Ce prince élégant et brillant eut recours à des supplices contre ceux qui se séparaient de l'Église. Ce ne fut qu'à demi un homme des temps nouveaux.

Leçon 51. **La Renaissance.** — Les Français, dans les guerres d'Italie, avaient été éblouis par les monuments et les arts de ce beau pays. La civilisation renaissait. Aussi cette époque a-t-elle reçu le beau nom de **Renaissance.** La *langue française* était déjà à peu près formée. François Ier prescrivit de rédiger en français, non plus en latin, les actes publics (édit de Villers-Cotterêts, 1539). Il encouragea les savants et créa pour l'enseignement le *Collège de France.*

La langue française devenait gracieuse et légère dans les vers de **Clément Marot. Ronsard** y introduisit trop de mots tirés du grec et du latin. **Rabelais** employa plutôt le français populaire et souvent trop grossier dans son livre demi-sérieux, demi-bouffon le *Gargantua.* **Montaigne, Amyot** donnaient des modèles plus nobles de la prose française.

François Ier avait amené toute une colonie de peintres italiens : **Léonard de Vinci, le Primatice, Andrea del Sarto, Benvenuto Cellini,** à la fois sculpteur et orfèvre ; les Français se formèrent vite aux leçons des maîtres italiens. **Jean Goujon** mérite d'être placé au premier rang comme sculpteur, **Jean Cousin** comme sculpteur et comme peintre. La poterie même devint artistique. A force de génie et de patience, **Bernard Palissy** trouva le moyen de faire tenir sur la faïence les couleurs les plus tendres. Ses plats, ornés de figures et de feuillages, semblaient des tableaux.

Leçon 52. **La Renaissance. Monuments et Civilisation.** — Au seizième siècle, les seigneurs français abattirent les tours massives de leurs châteaux. On éleva des édifices réguliers, avec des *lignes droites*, des *arcades*, des *colonnettes*, des fenêtres enjolivées de balcons ouvragés, des frontons aux courbes gracieuses. La pierre sculptée ressemble à une dentelle. Les châteaux de cette époque de la Renaissance conservèrent cependant quelque air de forteresse, des *tourelles* légères avec *clochetons* découpés. C'est d'après ce style que furent construits les magnifiques châteaux de **Chambord** (Loir-et-Cher), de **Fontainebleau** (Seine-et-Marne), de *Chenonceaux* (Indre-et-Loire), d'*Anet* (Eure-et-Loir), d'*Ecouen* (Seine-et-Oise), vrais bijoux de la Renaissance. C'est d'après ce style que **Pierre Lescot** commença les façades du **Louvre. Philibert Delorme** construisit pour Catherine de Médicis, femme de Henri II, le palais des Tuileries (aujourd'hui détruit). Le style *renaissance* fut appliqué aussi dans les villes aux maisons. Les nobles, les bourgeois ornèrent les façades de sculptures fines et gracieuses.

Le bois fut travaillé avec le même goût que la pierre. Le *meuble renaissance* devint une œuvre d'art. On imite encore les *meubles Henri II.* Les armures de fer furent *ciselées* et *dorées.* Dans les salles des palais, les seigneurs parurent avec des *toques* de velours ou des *chapeaux* agrémentés de perles, de diamants. Le vêtement principal, le **pourpoint,** tailladé à la ceinture, était surmonté d'une fraise (ou collerette) en dentelle. Les **hauts-de-chausses** (ou culottes), gonflés comme des ballons, se rattachaient au pourpoint par des *aiguillettes.* Le luxe séduisit surtout les dames, qui se montrèrent vêtues de *draps d'or,* de velours cramoisi, de satins variés. Elles portaient de larges collerettes de fine dentelle, serraient déjà leur taille dans des éclisses de bois (sorte de corset) pour l'amincir. Puis elles portèrent des jupes élargies par des *vertugadins,* usage bizarre qui se perpétua plus tard dans les *paniers.* Elles semaient dans leurs cheveux bien frisés et tortillés des diamants magnifiques, des perles en forme d'étoiles ou de diadèmes.

Leçon 53. **La Réforme.** — Vous savez ce qu'on entend en général par *réformer* : c'est rectifier, redresser. Au XVIe siècle, un moine allemand, **Luther,** prêcha la nécessité de réformer l'Eglise catholique. Il rejetait l'autorité du pape et donnait aux fidèles, comme seules règles de foi et de conduite, la Bible et l'Evangile. De là le nom de *religion évangélique* que prit sa *Réforme.* On l'appela aussi et surtout la religion *protestante.* Malgré Charles-Quint, la Réforme triompha dans le nord de l'*Allemagne.* La Suisse s'était ralliée en partie à des doctrines semblables. En Angleterre *Henri VIII* se fit le chef de l'Eglise et ses successeurs adoptèrent les doctrines protestantes. Le *Danemark,* la *Suède* devinrent également protestants. L'Eglise catholique perdait une moitié de l'Europe.

Les doctrines de Luther pénétrèrent en France. **Jean Calvin,** né à *Noyon* (Oise) en 1509, les développa plus hardiment encore et, obligé de quitter la France, se réfugia à *Genève,* y organisa l'*Eglise calviniste.* Si l'on entrait dans un prêche protestant, surtout calviniste, on voyait des murailles nues. Plus de tableaux, de statues de saints, d'ornements d'aucune sorte. Plus de cérémonies avec des costumes brillants. Dans une chaire, un *pasteur,* élu par les fidèles, récitait les prières, faisait une exhortation, expliquait la *Bible,* l'*Evangile,* uniques guides de la foi. L'assistance chantait des psaumes dans la langue du pays. C'était un changement complet de la religion catholique romaine.

Les persécutions, sous François Ier et Henri II, ne firent qu'affermir les disciples de Calvin, qui mouraient avec courage pour leur foi. Bientôt cependant ils devinrent assez nombreux pour former un parti puissant. Des guerres civiles devenaient inévitables.

Henri II laissait quatre fils, dont trois devaient régner de 1559 à 1589 : *François II*, *Charles IX* et *Henri III*. L'aîné, François II, d'une santé débile, ne régna qu'un an. Encore le vrai maître était-il le duc **François de Guise**, avec ses frères les cardinaux de Lorraine et de Guise. Sa nièce, **Marie Stuart**, héritière de la couronne d'Écosse, avait épousé le roi François II. Cette grandeur quasi toute neuve des Guises excitait la jalousie de la famille des **Bourbons**, du sang royal. Un Bourbon, **Louis de Condé**, se fit même protestant et chef du parti. Les protestants essayèrent d'enlever le jeune roi aux Guises. Ce fut la **Conjuration d'Amboise** ; elle échoua et un grand nombre de protestants saisis furent pendus ou décapités. Le prince de Condé fut arrêté. Guise fit instruire son procès, mais la mort de François II délivra le prince, car le règne de Marie Stuart finissait, par suite celui de Guise.

Leçon 54. **Charles IX. Les guerres religieuses.** — La mort de François II donnait le trône à son frère **Charles IX**, âgé de dix ans et demi. Sa mère, **Catherine de Médicis**, prit la régence. Italienne rusée et ambitieuse, elle entendait gouverner. Pour écarter les *Guises*, elle appuya les *Bourbons* et ménagea les protestants. Les catholiques s'irritèrent. En vain le vertueux chancelier **Michel de l'Hôpital** prêchait-il la tolérance : « Otons, disait-il, ces noms diaboliques de partis et de séditions, luthériens, huguenots, papistes ; ne changeons pas le nom de chrétiens. » En dépit de ses efforts, la guerre civile éclata à la suite d'un massacre de protestants fait à *Vassy*, en Champagne, par les gens du duc François de Guise (mars 1562).

François de Guise et les catholiques triomphèrent des protestants et du prince de Condé à la journée de **Dreux** (Eure-et-Loir, 1562). Mais le duc périt presque aussitôt après, au siège d'**Orléans**, assassiné par un fanatique protestant, *Poltrot de Méré* (1563). Condé, dans une seconde guerre, perdit encore la bataille de **Saint-Denis** (Seine, 1567). Dans une troisième il fut vaincu, et tué lâchement à **Jarnac** (Charente, 1569). L'amiral de *Coligny* essaye en vain de relever le parti protestant. A la journée de **Moncontour** (Vienne, 1569), une nouvelle défaite semble abattre les réformés.

Tout à coup la reine Catherine de Médicis leur offrit la paix avantageuse de **Saint-Germain** (1570). Depuis la mort de Condé, la famille des Bourbons avait pour chef **Henri de Béarn**, élevé par sa mère, *Jeanne d'Albret*, dans la religion réformée. Les protestants l'avaient proclamé leur chef. Catherine le maria à la sœur de Charles IX, Marguerite de Valois, et, pour les fêtes, attira à Paris les seigneurs protestants. Quelques jours après le mariage, dans la nuit du 24 août 1572, fête de *Saint Barthélemy*, les cloches de l'église Saint-Germain-l'Auxerrois, paroisse du Louvre, sonnèrent le tocsin. Aussitôt des bandes de forcenés assaillirent les maisons des protestants. L'amiral de *Coligny*, malgré ses services et son âge, fut égorgé. On tua dans toutes les rues ; les cadavres étaient traînés à la Seine. On tua jusque dans le Louvre. Massacre affreux resté tristement célèbre sous le nom de la *Saint-Barthélemy*. Les massacres furent imités dans les provinces. Quelques gouverneurs pourtant refusèrent d'exécuter les ordres de la Cour. Le vicomte d'Orte, à Bayonne, répondit : « Je n'ai que des soldats et pas de bourreaux. » Le jeune Charles IX mourut deux ans après, au milieu des plus affreuses convulsions : il ne voyait dans son délire que des meurtres et du sang (1574).

Leçon 55. **Guerres de religion. La Ligue.** — A Charles IX succède son frère **Henri III**. Léger, capricieux comme un enfant, il s'occupait de détails de toilette, se parait comme une femme, s'amusait avec des petits chiens, des perroquets, des singes. Les catholiques méprisèrent un tel prince et s'en délièrent lorsqu'ils le virent ménager les protestants. Ils se rallièrent autour du fils de François de Guise, **Henri**, auquel une blessure reçue dans un combat à *Dormans* (Marne) avait valu le surnom de *Balafré*. Ils formèrent à Péronne d'abord, dans les autres villes ensuite, une **Ligue** dirigée en réalité contre le roi sous l'autorité de *Henri de Guise*. Cette ligue recevait les encouragements et des subsides de l'Espagne. A ce moment la famille des Valois semblait devoir s'éteindre. Henri III n'avait point de fils qui pût lui succéder ; son frère, le duc d'Alençon, mourut sans enfant en 1584. Il y avait pourtant un héritier légitime, *Henri de Bourbon*, prince de Béarn et roi de Navarre ; mais il était protestant et les ligueurs n'en voulaient à aucun prix. Le roi d'Espagne, Philippe II, entretenait ces divisions, espérant en profiter pour assurer la couronne à sa fille *Claire-Isabelle*, petite-fille de Henri II.

Henri III, de plus en plus faible et humilié, s'effraya bientôt de la puissance de Henri de Guise et lui défendit de venir à Paris. Guise y vint malgré cette défense; la capitale se souleva en sa faveur et se hérissa de barricades : ce fut la *journée des Barricades* (12 mai 1588). Henri III s'enfuit au plus vite. Le roi ayant quitté la capitale, les magistrats cessèrent leurs audiences, ne pouvant rendre la justice au nom d'un pouvoir insurrectionnel. Guise alla trouver le président du Parlement, *Achille du Harlay*, pour lui ordonner de ne pas suspendre le cours de la justice, mais le magistrat répondit : « C'est grand pitié quand le valet chasse le maître ; au reste mon âme est à Dieu, mon cœur est au roi, mon corps entre les mains des méchants ». Le triomphe de Henri de Guise fut court. Henri III venait de convoquer les *Etats Généraux à Blois*, Guise y vint fier et menaçant, car les élections avaient amené une quantité de députés ligueurs. Henri III craignit d'être déposé. Il eut recours à un crime. Le matin du 23 décembre le duc de Guise assistant au conseil fut appelé dans la chambre du roi. Les *quarante-cinq*, garde particulière de Henri III, le frappèrent de leurs poignards. Ce crime porta au plus haut degré la fureur des ligueurs. A Paris on prononça la déchéance du vilain *Hérode*. Les chefs des seize quartiers de la ville, *les Seize*, dominèrent la capitale. Henri III s'allia aux protestants et, avec *Henri de Béarn*, vint pour assiéger Paris. Alors un moine fanatique, *Jacques Clément*, se rendit à son camp de *Saint-Cloud*, demanda à lui communiquer des lettres et le frappa d'un couteau. Le misérable fut massacré sur l'heure, mais Henri III mourut (août 1589). Avec lui finissait la famille des Valois. Elle avait duré 261 ans.

LEÇON 56. **Henri IV.** — La famille des Valois était éteinte. La famille des Guises était privée de son chef hardi. La maison de *Bourbon* restait seule. *Henri de Bourbon* fut reconnu roi sous le nom de Henri IV, mais par les protestants seulement et un petit nombre de catholiques. Il était roi sans royaume

Fils d'Antoine de Bourbon et de Jeanne d'Albret, reine de Navarre, élevé durement dans les Pyrénées, habitué à grimper les rochers sous le soleil et sous la pluie, il avait acquis santé, force, agilité, et il relevait encore sa bonne mine par sa gaieté, son caractère ouvert, généreux. A neuf ans, Henri de Béarn perdit son père, Antoine de Bourbon, tué sous les murs de Rouen, qu'il assiégeait avec l'armée catholique (1562). Sa mère protestante le fit chef du parti protestant après la mort du prince de Condé (1569). Les noces de Henri avec la sœur de Charles IX ne furent que le prélude de la Saint-Barthélemy (1572). Epargné, mais prisonnier, il réussit bientôt à s'échapper et demeura plus que jamais le chef intrépide du parti protestant. A la mort de Henri III les catholiques refusèrent de le reconnaître comme souverain. Il lui fallut conquérir le royaume. Il était alors si pauvre qu'il dut prendre un pourpoint violet du feu roi pour porter son deuil. « Je suis fort proche des ennemis, écrivait-il, et je n'ai quasi pas un cheval sur lequel je puisse combattre, ni un harnais complet que je puisse endosser. Mes chemises sont déchirées, mes pourpoints troués au coude, ma marmite est souvent renversée et je dîne chez les uns et chez les autres.. » Mais, brave et entraînant les siens par son audace, il triomphe du *duc de Mayenne*, le nouveau chef de la Ligue, au combat d'**Arques**, près de Dieppe (1589). En 1590, à la bataille d'**Ivry**, il adresse à ses compagnons cette vive harangue : « Si vos cornettes vous manquent, ralliez-vous à mon panache blanc : vous le trouverez au chemin de la victoire et de l'honneur ». Quand la victoire fut gagnée, ce bon Français s'écria : « Quartier aux Français, main basse sur les étrangers ». (1590).

LEÇON 57. **Henri IV. La Ligue.** — Après la victoire d'Ivry, Henri IV crut qu'il pourrait prendre Paris et l'assiégea. Mais les prédications des prêtres ligueurs suscitaient les passions de la foule. Le peuple, les moines mêmes, figuraient dans les processions avec des armes. Les Parisiens endurèrent la plus horrible famine plutôt que de céder. Un général espagnol, *Alexandre Farnèse*, força Henri IV à lever le siège de Paris, où Mayenne put à grand'peine réprimer la turbulente ardeur de la faction des **Seize**. Bientôt à une assemblée qui fut un simulacre d'**Etats Généraux**, le dessin du roi d'Espagne Philippe II, protestant de la Ligue, apparut. Il voulait faire donner la couronne à sa fille *Claire-Isabelle*, issue de son mariage avec la fille de Henri II. La France allait-elle devenir espagnole? Henri IV comprit le danger. Il supprima le grief unique que les populations avaient contre lui : le 25 juillet 1593 il abjura solennellement à Saint-Denis la réforme protestante. Au mois de février 1594 il se fit sacrer à *Chartres*. Alors les vrais motifs de ces guerres se révélèrent. Les gouverneurs des provinces, habitués à se conduire en souverains, résistèrent encore. Les plus hostiles se firent acheter leur soumission. Le gouverneur de Paris, *Brissac*, ne livra la ville qu'après avoir stipulé pour lui-même de bonnes conditions. Henri y entra (mars 1596), accueilli avec joie, car il apportait la paix.

La lutte se prolongea encore quatre ans dans les provinces. Henri battit une armée espagnole à *Fontaine-Française* (1595) et reçut la soumission du duc de Mayenne, dont il se fit vite un ami. Enfin il parvint à terminer la guerre étrangère par la paix de **Vervins**, signée avec Philippe II (1598). La même année, un édit publié à **Nantes** accorda aux protestants le libre exercice de leur culte. Il leur laissait, en outre, des *assemblées* et des *places de sûreté*. La paix religieuse était conclue en même temps que la paix extérieure. Mais les quarante années de guerres civiles avaient ruiné le pays. Des villes, des centaines de villages avaient disparu. La France, à peine formée, était désorganisée. Il fallait la refaire.

Leçon 58. **Le gouvernement de Henri IV. Sully.** — Henri IV se montra à la fois grand et bon. Dans les campagnes on aimait à répéter des mots de lui : « Si l'on ruine mon peuple, qui soutiendra les charges de l'Etat? S'en prendre à mon peuple, c'est s'en prendre à moi-même. »

Et encore : « Si Dieu me prête vie, je ferai qu'*il n'y aura pas de laboureur qui n'ait moyen de mettre, le dimanche, une poule au pot* ».

Henri fut aidé dans sa tâche difficile par un habile et sage ministre, le baron de *Rosny*, duc de **Sully**. A la fois guerrier et comptable, brave et loyal, Sully pratiquait et exigeait de tous l'honnêteté. Il réalisa des *économies* et acquitta 147 *millions* de dettes. Il diminua la **taille** qui pesait exclusivement sur les roturiers. Seul il a su accroître les recettes en soulageant le peuple.

Sully mit les paysans à l'abri des exactions et des pillages. Il défendit de saisir, en cas de dette, la charrue du laboureur.

« *Labourage* et *pâturage*, écrivait-il, sont les deux mamelles de la France, les vraies mines et trésors du Pérou. »

Des cultures nouvelles furent encouragées : le **maïs**, le **houblon**, la **betterave**.

Henri IV favorisa l'établissement de **manufactures**. Il installa des ouvriers étrangers dans une galerie du Louvre.

Des **routes** droites et larges facilitèrent le commerce : Sully les ombragea même d'ormes, qu'on appelait des *rosnys*. Dans les campagnes on montre encore de vieux ormes qu'on dit être des *rosnys*.

Sully fit faire des projets de **canaux** pour unir les fleuves. Le **canal de Briare** joignit la Loire à la Seine.

La marine marchande se développa. **Champlain** fonda en Amérique (1604), sur les rives du fleuve le **Saint-Laurent**, la colonie du **Canada** et bâtit la ville de **Québec**.

A Paris, des rues étroites et obscures furent supprimées. Le **Louvre** et le château des *Tuileries* furent agrandis. Henri IV aussi fit bâtir en partie l'**Hôtel de Ville**, dont la façade élégante a été reproduite dans le monument actuel.

Le pont le plus long de Paris fut construit à l'extrémité de la Cité : le *Pont-Neuf*.

Ce roi si bon n'avait pu éteindre les passions et désarmer les ambitions. Il avait échappé à dix-neuf tentatives d'assassinat.

Il tomba enfin victime d'un fanatique. *François de Ravaillac*, l'esprit encore troublé par les passions de la Ligue, le frappa d'un coup de couteau, dans la rue de la Ferronnerie (14 mai 1610).

Ce fut un deuil profond, et la France retomba « en d'étranges mains ».

1213-07. — Coulommiers. Imp. Paul BRODARD. — 9-07.

www.ingramcontent.com/pod-product-compliance
Lightning Source LLC
LaVergne TN
LVHW010057230826
846091LV00005B/1965

9782329667690